宗教者と科学者のとっておき対話

人のいのちと価値観をめぐって

有馬賴底
臨済宗相国寺派管長、金閣寺・銀閣寺住職

安斎育郎
立命館大学
国際平和ミュージアム名誉館長

かもがわ出版

はじめに

有馬頼底師（臨済宗相国寺《しょうこくじ》派管長、金閣寺・銀閣寺住職、87歳）と安斎育郎氏（立命館大学国際平和ミュージアム終身名誉館長、80歳）の対談は、二〇一九年秋、京都相国寺承天閣《じょうてんかく》美術館において、二回にわたって行われました。

〝物言う禅僧〟とも言われる臨済宗の高僧と、多彩な興味と思索が尽きない科学者の織りなす対話は、宗教者・科学者となるに至った経緯に始まり、今日の社会に生起する諸問題から、日本国憲法と平和の問題まで多岐にわたり、人生観と価値観についての深い洞察に満ちたものとなりました。

本書は、その対談記録を整理・補筆していただいて、成立に至ったものです。

それでは、それぞれの信念に基づく名言がちりばめられた宗教者と科学者の対話を、ぜひお読みください。（編集部）

宗教者と科学者のとっておき対話

――人のいのちと価値観をめぐって

《もくじ》

はじめに……………1

第一章　禅僧になったのは――叩かれて悟った臨済禅の教え……………11

〈お寺に小僧に出されて〉13

〈臨済禅とはどんな教えか〉23

〈がん患者さんの話を聴く〉27

第二章　老いをどう生きるか――空っぽになることこそ自由の秘訣……………33

〈空っぽにするということ〉35

〈煩悩から解き放たれるということ〉38

第三章　福島原発事故をめぐって──命を大切にする「不殺生戒」……………43
〈原発事故の現場を歩いて〉　45
〈汚染による心理的影響と社会的影響〉　51
〈国策としての原子力発電政策への疑問〉　57
〈「信」を立て直すために〉　60

第四章　先の戦争と日朝外交──話し合いにしか解決の道はない……………65
〈戦時中の朝鮮人徴用工のこと〉　67
〈北朝鮮の仏教遺跡を復元〉　69
〈日韓・日朝関係修復は話し合いから〉　78

第五章　今時の日本の社会と文化―孤独をなくす人と人のつながりを……………81
〈地球温暖化問題〉　83
〈自殺、イジメ、引きこもり〉　87
〈表現の不自由展に関連して〉　91
〈日本の祭りと伝統文化〉　93
第六章　科学と宗教の持分―人の人生観と価値観をめぐって……………99
〈日本の仏教〉　101
〈オウム真理教事件をめぐって〉　106
〈ローマ教皇に学ぶ〉　113
〈科学的価値観と宗教的価値観〉　119

第七章　平和と日本国憲法について──声を上げるべき時代になった……………125
〈安保法制成立後の日本〉　127
〈日本国憲法の精神〉　130
〈まだある戦争体験世代の役割〉　135
対談を終えて……………140

装　丁　加門啓子
対談写真　豆塚　猛

有馬　頼底

（ありま・らいてい）

1933年、東京生まれ。現代日本の仏教界を代表する禅僧。臨済宗相国寺派第７代管長。鹿苑寺（金閣寺）、慈照寺（金閣寺）の住職も兼務。承天閣美術館館長、京都仏教会理事長、「宗教者九条の和」呼びかけ人。久留米藩藩主有馬家（赤松氏）の子孫にあたり、父は赤松氏を遠祖とする有馬正頼、母は徳川家の流れを汲む水野千恵子。8歳で大分県の岳林寺にて得度、22歳で京都の相国寺に入り、13年の修行の後、印可を得る。
『金閣寺・銀閣寺の住職が教える 人生は引き算で豊かになる』（文響社）『「臨済録」を読む』（講談社現代新書）『「雑巾がけ」から始まる禅が教える本物の生活力』（集英社）『やさしい茶席の禅語』（世界文化社）『禅と茶―禅語の意味とその味わい』（学研プラス）『力を抜いて生きる』（講談社）『60歳からヘタれない生き方』（幻冬社）など、著書多数。

安斎　育郎（あんざい・いくろう）

1940 年、東京生まれ。立命館大学名誉教授、立命館大学国際平和ミュージアム終身名誉館長。東京大学工学部卒業、工学博士。専門は、放射線防護学、平和学。「九条科学者の会」呼びかけ人。平和のための博物館国際ネットワーク代表。国の原子力・核政策を一貫して批判し、日本科学者会議代表幹事などを歴任。久保医療文化賞、ノグンリ平和賞（韓国）、日本平和学会平和賞を受賞。趣味はマジック（東大奇術愛好会会長を務めた）、国境なき手品師団・名誉会員、超能力や霊に関する講演多数。『だます心 だまされる心』（岩波新書）『騙される人　騙されない人』『福島原発事故』『疑う心、科学する眼』『核兵器禁止条約を使いこなす』（以上、かもがわ出版）『語りつごうヒロシマ・ナガサキ』（全５巻）、『語りつごう沖縄』（全５巻）、『原発事故の理科・社会』（以上、新日本出版社）『からだのなかの放射能』（合同出版）など、著書多数。

第一章

禅僧になったのは

―叩かれて悟った臨済禅の教え

相国寺《しょうこくじ》

京都市上京区にある臨済宗相国寺派大本山の寺院。14 世紀末、室町幕府 3 代将軍の足利義満により創建され、京都五山第二位に列せられる古刹である。夢窓疎石を開山とし、「相国」とは国をたすける、治めるという意味。鹿苑寺（金閣寺）、慈照寺（銀閣寺）は、相国寺の山外塔頭《さんがいたっちゅう》である。写真は、重要文化財の相国寺法堂。豊臣秀頼の寄進によって再建され、日本にある法堂建築としては最古のものである。有馬頼底師は第 7 代管長。

安斎 おはようございます。今日は、宗教者と科学者の対談ということで、多岐にわたってお話をお伺いしたいと思います。

有馬 「沈黙ほどよいものはない」と申しますが……。

安斎 そう言われますと出版社が困りますので、よろしくお願いします。有馬さんとは「九条の会」などでご一緒しているのですが、こうしてきちんとお話するのは初めてですね。忌憚のないご意見をお願いいたします。

〈お寺に小僧に出されて〉

安斎 まず、有馬さんがなぜ禅僧になられたのか、その辺からお伺いしたいと思います。和尚さんは、旧久留米藩主である有馬家の出身で、その分家筋に当たるお父さんは男爵、お母さんの実家は徳川家の流れを汲む子爵の家柄だったとお聞きしています。青山にあった学習院の幼稚園では、天皇陛下の遊び相手にも選ばれたという、いわば、いいとこ育ちの子どもさんだったわけですが、それがなぜ僧侶になられたのでしょうか。生まれ育ちながらに僧侶になるべくしてなったのですか、それとも人生の途中で仏教と出会って禅僧になられたんでしょうか。

有馬　生まれながら僧侶になるということは、まったくありませんでした。私は東京の中野区で、三人兄弟の次男として生まれたんですが、四谷にあった学習院の初等科二年のとき、両親が離婚するんですよ。七つぐらいのときかな。それが人生を左右する一つのきっかけでした。

父親は、どうしようもない人間でね、女のはしごをするんです。昔の男ってそんなもんですわ。ほんで、父は家にはいてもいないようなものですから、母親はほったらかしでした。母親は、日本画を描いてましてね。いまでも遺品がのこっていますけども、アマチュアの領域をはるかにこえていました。学習院の先生に師事しておりまして、プロの世界のひとでしたね。父は実業家でしたが、事業に失敗して、借金で屋敷は人手に渡り、大陸に渡るということになりました。少佐かなんか偉い肩書きで、日中戦争の始まった天津に赴任したんです。そこで終戦を迎え、シベリアに三年間抑留され、命からがら日本に帰ってきました。

それで、赴任するにあたって、「家族で一緒に行こう」と父は言ったんです。当時の軍隊は、海外派遣の場合、女房や子どもを連れて行ってもよかったんです。しかし母親は、「私は日本で絵を描きたいので、中国のようなところには参りません」とキッパリ断ったんです。それは当然です。それで父親は「わかった」と言って一人で戦場に出かけることになり、「じゃあ別れましょう」ということで離婚したんです。

安斎 私は昭和一五（一九四〇）年に、「皇紀二六〇〇年」という年でしたけれども、九人兄弟の末っ子として生まれました。母四三歳、父四八歳のときの高齢出産の子でした。戦時中に病気などで三人は亡くなって、男ばかり六人は生き残りましたが、上から四人までの兄貴は私とは一五〜二二歳も離れていて、私がごく幼くてまだもの心が十分ついていないうちに四人とも戦争に行ってしまったんですね。昭和二一（一九四六）年に兄たちがぞろぞろと戦争から帰ってきました。私はまだ五、六歳だったんで、見も知らぬ大人が四人突然帰ってきて、「おれはお前の兄貴だ」ということで、大変とまどった経験があります。そんな兄貴たちにはなかなか馴染めなかったんですね。

有馬　うちの母親は、怪我をした傷病兵のところへ、ずっと慰問に通ってましたね。なんとかいう学校に戦争で傷ついた兵士がいっぱい収容されていたんですが、そこへ行ってはお菓子を配ったり、悩みを聞いたりしてましたよ。

安斎　私の母親は、九四歳でとっくに亡くなりました。兄たちの評価では「観音様」のような人だったそうです。九人も子どもをつくったので、二年にいっぺんぐらい孕《はら》んでいたことになりますから、それは大変だったと思いますが、確かに母性本能にあふれた、優しい人だったですね。母から叱られた記憶はありません。

有馬　父母が離婚したために、私たち三人兄弟は、渋谷区にあった母の実家である水野家に移りました。その家には母親の兄さんがおったんです。それで、その伯父さんから、三人の子ども並べて「お前たちは何になりたい？」と聞かれました。そのころは家督を誰が継ぐのかがうるさかったんですね。それで兄は、有馬家の家督を継がなくてはいけない。だから、「お前さんはそれでまあよい」ということになりました。私は次男ですわ。それで、「お前は何になりたいか」と聞かれたわけです。私は、ちょうど講談社のきれいな絵本で『一休さん』という本を読んでる最中でした。それで、「一休さんのような人になりたい」と言ってしまったんです。「じゃあ、お前はお寺に行け」ということで修行に出されたんです。それでなんとなく坊さんになっちゃんだね。いつの間にかそういうふうになっていた、という感じです。

安斎 そうなんですか。私は、生まれてから四年間は東京で育ちました。昭和一九(一九四四)年に空襲を逃れて福島に疎開し、五年間は福島県の二本松で過ごしました。そのご縁でいまも福島通いを続けていますが、もともとは関東の人間なんです。私だけではないと思いますが、東のほうの人はたぶん、京都の仏教界を見ていてもいろいろな宗派があって、その違いはよくわからないところがあるんです。有馬さんは、最初に預けられたお寺が禅宗だったから、その道を進まれたんですか。

有馬 そうそうそう。有馬家の菩提寺《ぼだいじ》は福岡県の久留米市で、そこに梅林寺《ばいりんじ》という道場があり、そこに行くべしということになったんです。その寺には、当時雲水《うんすい》が五、六〇人いましたが、私は七つでしょ。それで、二〇、三〇代の若い雲水のなかへこんな子どもを放り込んで大丈夫か、という話になってきました。それは気の毒や、かわいそうや、と。九州ではかわいそうでしょというのを「むげえねぇ」と言いますが、「むげえねぇばい」と言うんで、当時、梅林寺の道場を出たての若い住職がおられた寺がありまして「そっちへ行け」ということになりました。母と九州行きの列車に乗って行ったんですが、それが母との一生の別れになりました。それで、大分県日田市の岳林寺《がくりんじ》というところへ行かされ、そこで得度《とくど》（僧侶となるための出家の儀式）をしたのです。

安斎　その寺で、禅宗にかかわるいろいろな修業と基本的な勉強をなさったんですね？

有馬　いや、勉強もなんにもしないんです。小僧としての修行といえば、兄弟子の炊事や洗濯、それに掃除ばっかりです。禅宗には、「一掃除、二信心」という言葉があります。信仰なんてあらへん、お経など二の次だ、ただ一生懸命掃除さえしとったらいいのや、というのです。禅では、体験して会得したものでなければ本当の自分のものではない、と教えます。掃除というのは、ただ床や庭がきれいになったということにとどまりません。心のチリが取り払われ、心が清らかになります。こうした当たり前のことを、当たり前に続けることは、実は一番むずかしいことです。

住職の森下大拙《だいせつ》という師匠は、梅林寺で厳しい修行を終えられたばかりでしたから、私も厳しく仕込まれましたね。掃除の仕方にも厳しいものがあり、部屋を丸く掃いたりすると、師匠がきて、箒《ほうき》のばさばさしたほうで殴ればいいのに、逆さにもって柄のほうでゴーンとくるんですよ。雑巾がけでも、拭き残しがあったりすると、濡れ雑巾でバチっと叩かれる。それが痛いのなんのって、それればっかりでした。

安斎　それは掃除の仕方が悪いということなんですか?

有馬　悪いんです。でも悪かったって、七歳やからどこが悪いかよくわからへんでしょ。それを、柄のほうでゴーンとやる。どこかに行ってしまいたいと、なんど思ったかしれません。しかしね、それには意味があるんだからしょうがなかったのです。師匠曰く、「痛いというのはそこそこ辛抱したらすぐに直る。ところが直らないものがある。それは、人間の心、精神や。これは叩かれても痛くもかゆくもない。解放された心というものはそういうもんや。それをお前さんはわかるか」と。そう言って怒られましたが、そんなこと言われても子どもにはよく理解できないでしょ。

安斎　お寺にいた兄弟子というのは、戦時中、都会から疎開してきた子どもたちですか？

有馬　疎開というより、寺の小僧としてだされただけなんです。

岳林寺というのは大分県の農村にありましたから、何もかもめずらしかったですね。近くに農家があるんですが、そこではどこも牛を飼っていて、入口を入ると左側に必ず牛小屋がある。牛は筍《たけのこ》の皮をバリバリバリって食べるんですが、それを見ているのが楽しかったですね。こういう世界があるのかとおもしろくてね、朝から晩まで飽かずにじっと見とりました。それで寺に帰ったら、師匠から「どげんしちょるか」って聞かれる。「ちょっと牛を見てました」と。ほならまた殴られるんです。師匠っていうものは、なんにつけて〝殴る機械〟やと思ってました。

安斎 本来はきっと優しい人だったんでしょうけどね。

有馬 しかも、小学校（国民学校）に行けば行ったで、田舎の子どもたちからご他聞にもれずいじめられましたよ。私は東京からきたでしょ、それで学習院時代の服や帽子を身につけている。それが生意気だ、気に入らないということで、よってたかってボコボコにされました。

師匠は、私が学校でいじめられていることを知っていて、門のところでじっと見とる、でも助けようとはしません。それで、ボコボコにやられてのこのこ帰ってくるんですよ。すると師匠は、「お前は殴られて痛いだろう。しかし、いくら殴られてもやり返してはいけない。そんなことでお前さんの人格はけっして穢《けが》れない。人間とはそういうものだ。それさえ覚えておけば大丈夫だ」と言われました。それで、「よう訳がわからんけど、なるほどそういうものかなあ」と勇気付けられました。

それから気が楽になりましたね。殴られようとどうされようと、痛みはちょっと辛抱していれば収まる。それによって自分の人格は傷つかないのだ、ということを覚えましたからね。それで、最初のうちは黙って耐えているだけでしたが、それからは逆襲にでました。毅然とした態度をとることにしたんです。そうしたら、不思議なもので、悪ガキのボスが私を認め、みんなもおとなしくなったんです。そういう経験もありましたね。

安斎　子どもというのは暴力的な面もありますが、有馬和尚はそれを乗り越えて勇気をもらったわけですね。

有馬　確かに、いくら殴られても、痛いという思いはすぐに消えていく。しかし、いつまでも消えないものがある。それは何か。自分で考えてみると、それは自分の心、当時で言えば孤独、寂しさなんです。幼くして両親から別れ、周囲は大人ばっかりなんですね。いじめられた学校の友達や寺の小僧さんはいても、親しい子どもは一人もいません。それが辛かったね。そんなときに、一人でも声をかけてくれる大人がいると、ホッとするものです。私は学習院時代はひ弱な子どもでしたが、そんなこんなで、体も丈夫になり、心も少しはたくましくなれたわけです。

安斎　私も幼い頃は、兄貴たちとは歳が離れていてなかなか馴染めませんでしたから、わかる気がしますね。

〈臨済禅とはどんな教えか〉

安斎　さきほどのお話だと、臨済禅のお寺に少年の頃から預けられたということですが、そこでは、臨済宗を育んできた学問的体系などを体系的に学ぶというより、日々叱かられながら、体験的にその心をたたき込まれたんですね。

有馬　そうそう、濡れ雑巾や箒の柄でたたくんですから、無茶苦茶ですよ。その最初の師匠には、一〇年ぐらいついて修行しましたね。師匠は、私を観察していてなぐるだけなんですが、なぐられても自分の人格はけっして傷つくわけじゃないんだということを学びました。そう言われたとき、「はあ、師匠は偉い人やなあ」と思いましたね。そういう教え方で終始一貫しているんですから。

安斎　それは難しいことですが、大事なことですね。そういう時代から、相国寺を始め、金閣寺、銀閣寺などに責任を負わねばならない立場に至ったたわけですが、それまでには随分「苦学」もあったんではないかと思いますが？

有馬　森下大拙師匠のもとでは、寺で必要な基本的なことを学びました。その師匠が、私が一五歳のときに再び修行に出ることになり、新しい師匠が赴任してきました。その師匠から禅宗の言行録や経典をきっちりと教えていただきました。学歴は旧制中学一年生までですが、学ぶ意欲は人一倍強かったと思います。禅の本だけでなく、世界文学全集などたくさんの本を読みました。

　私の三番目の師匠は、のちに相国寺派の管長となられた大津櫪堂《れきどう》という人です。その出会いが縁で、上洛して相国寺の道場で本格的に学ぶようになったんです。師匠は、それまで私が暗記したものを全部はぎ取りました。「公案」を授けられるんですが、師匠に問われて何を答えてもあかん、合格しない。しかし、それが答えなんですね。答えはないんだというのが答えなんです。そんな修行が一三年も続きました。そうしたなかで、最初の師匠に言われたことも段々理解できるようになってきました。

安斎 それで、禅宗のなんたるかを深められていったわけですね。仏教者は、仏教の歴史とか他の仏教宗派の考え方などについてもきっと学ぶのでしょうが、自分はここが居場所であるというか、臨済禅こそが自分が生きる道だということは、どこかで納得するものなんでしょうね。

有馬 私は『臨済録』(臨済宗の開祖・臨済義玄の言行をまとめた語録)を何回も読んでいます。これがイキのいい言葉で綴られており、面白いんですよ。私は数年前に『「臨済録」を読む』という本を出したんですが(講談社現代新書)、あの梅原猛さんから、「いままでいろんな本を出されていますが、これが一番よくできています」と言われました。

安斎 梅原猛さんは、哲学者で京都市立芸術大学名誉教授でしたが、よほどのことでないと誉めない人ですよね。

有馬 絶対に誉めない。しかし、これだけは「ようできたなあ」と誉めてくれました。

安斎　梅原さんとはご存命中に憲法に関する講演会の楽屋でいろいろお話ししました。それまできちんと自己紹介する機会もなかったので、東大の原子力工学科を出て医学部放射線健康管理学教室に文部教官助手として就職し、原発政策批判に取り組んでいた時代にすさまじいばかりのアカデミック・ハラスメント（イジメ）に遭った話を紹介しました。

講演のなかで梅原さんは、「安斎さんの生きてきた道をもう少し早く知っていれば、私も原発に反対したんだけどな」と率直におっしゃいました。梅原さんは原発を容認していた時代があったんですね。

有馬　禅では、人間は本来自由な存在だと教えます。中国の唐の時代に、臨済が修行者として各地を回っていた頃、仏教は帝都の仏教となっており、むしろ農民を搾取する側に立っていました。それで臨済は、まず人々の精神を解放しなければならないということで、「自由」という言葉を発したんです。禅でいう自由とは、「自らに由《よ》る」ことつまり、自分以外の何物にも頼らず、自分自身の足で立つということです。本来の自分のままであること、それが主人公として生きるということですわな。

〈がん患者さんの話を聴く〉

安斎　お話しいただいた「痛み」については、私はちょっと変わった思いを持っています。痛みを感じるというのは生きている証拠なので、なんかうれしい気がするんです。
　例えば、食中毒で具合が悪くなったりすると、なぜかうれしいんです。自分の身体が、異常を感じ取って、こんな小さな細菌に対して反応する力を持っていると。それから、大腸のポリープが見つかったときに、内視鏡切除の過程で腸にピンホール（小さい穴）が開いてしまったことがあったんですが、案の定、悪心・嘔吐・腹痛などで具合が悪くなりました。それも、そんなちっちゃい穴に対して、老いたる私にはちゃんと反応する力があるんだと感じました。痛みというのは、身体に異変を感じることですから、「生きている証拠だ」と思ってなんとなく安心するし、うれしいんです。変わってますかね？痛みは警告信号で、命を落とすようなことのないように体が教えてくれているということでしょう……。

有馬　私は、大腸がんが見つかったというんで、十何センチか切りました。主治医が言うには、「大腸がんなんてがんのうちじゃありません。大腸というのは長くて、何メーターかある。たかがこれくらい切ったってどうっちゅうことないよ」と。「ああそうですか」と気が楽になりました。おもしろいもんですね。ビールでも、大腸がんになったときはジョッキ半分も飲んだら「もういらんなあ」となった。ところが、手術をしたら、グゥーッと全部飲めるようになった。ひっかかっていたものを切り取ったんで、通りが良くなったんだなあと自分なりに思ってますが、ありがたいもんですなあ。

安斎　はい、はい。

有馬　病院にはいまも診察に行ってるんですけど、そこには死に直面しているがん患者さんが大勢おられて、お話しする機会があります。そんな方は、もちろん死ぬかもしれないという心の悩みがおありでしょうが、びっくりしたのは、看護師さんの悩みのほうが大きいということです。一人で五〜六人の患者さんを担当しているんですが、次々に亡くなる場面に遭遇すると、「私の看病が悪かったのではないか」と悩み、それがいつまでも抜けないんです。

むしろ、がん患者さんのほうがけろっとしているんです。「私は余命いくばくもないが、いつ死んでもええんです」と、そこまで達観したがん患者も多いんです。ところが看護師さんのほうが、「どうしたらよかったんだろう」と悩んでしまう。それで私はお話しするんです。「いやあ、人間には寿命というものがあります。あんたにも寿命があって、必ず命が尽きるときがきます。それは、がんで死ぬか交通事故で死ぬかの違いで、同じことなんや。一生懸命、あるがままに看護しなさい」と。すると、ずいぶん気が楽になられたようですね。

安斎　自分の仕事への思いが強い分、自責の念にかられるんでしょうかね？

有馬　そういうこともあるんでしょうね。そこで私は、薄茶《うすちゃ》の手前《てまえ》をしてさしあげるんです。病院の部屋のなかに、竹で編んだ小間《こま》の茶室をつくったんです。それが、うまいことできてますよ。竹を組んだにじり口がちゃんとあるんですが、床の間や上《かみ》はないんです。そこで私が、袱紗《ふくさ》を捌《さば》いて手前をします。それを患者さんがじっと見とるんですが、それがまたおもしろいんです。「私は、茶の湯というものがあることは知ってましたが、いままで一遍もしたことはありません。茶の湯の様式があることは聞いてましたが、今日の管長猊下《げいか》の手前を見ていてなるほどなあと思い、お茶がうまいなあと思うようになりました」と。「そうか、それはよかったなあ」言うて、二席も三席もやるんです。

それで私は、病院の竹の茶室で、一生懸命に手前をやらしてもろてます。相手は、三日後に死ぬか、一週間後に死ぬかわからないという患者ばっかりなんですが、茶の湯のおかげで死ぬということをいっとき忘れてしまうんですよ。いつ死んでもええのやという気持ちになる。だから、「死と生は同じなんだよ」とお話しすると、安心するんですなあ。

安斎　私も、和尚さんより七歳若いですが、この歳になると、死に近づきつつあることは確かです。絶対的な真理は「人間は必ず死ぬ」ということですが、逆に言えば「生きてる間は死なない」わけですから、死ぬまでは生きようと思っているんですね。すると、どうせ生きるなら自分らしく生きようかとなる。大病はしないようになるだけ気をつけてはいますが、そう悩まずに、死ぬまでは生きようかと思っています。

有馬 「サーラの会」というのもありますが、若い僧侶にはがん病棟を訪問するように勧めています。すると、坊さんというのは何かしゃべりたいんです。得てして話したがる、説教したがるんです。それで私は、若い坊さんたちに、「しゃべったらあかん、もっぱら聞き役になりなさい」と言ってるんです。「お前らは、ぺいぺいの駆け出しなんだ。がん患者さんのほうがよっぽど人生的に熟しているんだから、しゃべったらあかん。とりあえず、ひたすら聞き役に回りなさい」と。「聞いてあげる」ではなく、「人生を教えていただく」ということです。

患者さんもやはり吐き出したいことがあるんですね。だからじっと聞いていると、患者さんがしゃべる、しゃべる。「うちは長男と次男がけんかをして財産争いをしとる。こないだなんか、お母さんが死んだときに、兄弟が、お供えのお餅をつかんで投げあっていました」などとね。餅をぶつけ合うような兄弟げんかやさかい、すさまじい世界もあるんですね。金銭欲というのは一番の煩悩ですから、財産相続を巡って必ず争いが起こります。そんなとき、「人生にとって財産なんてあってないようなもんだから、口をだしたらあかんよ。へたな返答をせずに黙って聞いておきなさい。こういう世界があるんだなあとわかるだけで、あんたらの勉強になるんだから」と言うんです。

安斎　若い坊さんがずっと聞き役に回っているんですか。それは、修行の一環でもあるんですね。

有馬　私たちは、病院に行かないとがん患者とは対面できないでしょ。でも最初は、どこの病院の院長さんも、なかなか受け容れてくれませんでした。ところが、最近は大きな病院でも受け容れてくれるようになりました。「これまでなぜ断ってたんや」とお聞きすると、「法衣を着て病院にきてもらうと、誰かが死んでお参りにきていると思われ、病院としてはダメージを受けるんで、それはかないません」ということでした。それがこのごろは、衣《ころも》姿できていただくのはありがたいという評価に変わってきましたね。

近畿周辺の病院だけだったのが、だんだん北上しようという雰囲気が出てきました。私は京大病院で手術しその後も診察に行ってるんで、院長さんや主治医さんに、こうこうしかじかで、がん患者とお話しがしたいんですとお願いしましたが、「ここは国立病院ですから、それはちょっとむずかしい」と言いよるんです。国立であろうと何であろうとかまへんやないかと思うんですが、国立というのはいろんな制限があるんでしょうね、なかなかオーケーがでません。

第二章

老いをどう生きるか

―空っぽになることこそ自由の秘訣

承天閣美術館《じょうてんかくびじゅつかん》

相国寺創建600年記念事業の一環として1984年に開館した。相国寺および臨済宗相国寺派に属する金閣寺や銀閣寺などが所有する墨蹟・絵画・工芸品等の文化財（国宝 2件・5点、国の重要文化財多数を含む）を収蔵・展示している。江戸時代中期に活躍をした画家・伊藤若冲《いとうじゃくちゅう》の作品も展示されている。対談は、同館の一室で行われた。

〈空っぽにするということ〉

安斎 和尚さんは八六歳になられたんですね。私も来年は八〇歳で、とっくに後期高齢者の仲間入りをしています。「高齢者」という呼ばれ方も時に気にいらないこともありますが、経済的にも生きがいという点でも、高齢化時代というなかなか暮らしにくい世の中になっていることは事実です。そんな人たちに、何か伝えたいことはありますか？

有馬 とにかく、心を空っぽにすること、これが唯一言いたいことです。私は、ほんとに何にもありませんからね。地位も名誉も、財産もすっからかんです。しかし、気が楽ですよ。やっぱり後期高齢者というのは、気持ちの問題です。年寄りだと思ったらあかんのや、いつまでも。

このあいだも、幼稚園の子に言われました、「管長さんは皺《しわ》がありませんね」って。「当たり前や。気楽に生きてるんだから、皺なんかできないよ」って言ってやりましたよ。前の天皇陛下が京都にお見えになったときお目にかかったんですが、ご苦労なさっているんでしょうな、シミだらけでした。「有馬さん、君はシミがないねぇ」とおっしゃるんで、「精進料理を食べていたら、シミなんかでけへんのや」と。ほんで、「失礼ですが、あなたも京都に半分住まわれたらいかがですか。それで東京に半分住んだらいいやないですか」と言ったんです。「京都御所には、仙洞御所《せんとうごしょ》という隠退した天皇が入るところがありますが、そこが空いてるさかい、そこでしばらく住んだらどうですか」と言うたんですが、陛下は、住むとも住まないともおっしゃいませんでした。お立場はわかりますが、「そうだなあ」だけではわからんですね。しかし、年寄りというのは空っぽにすることが肝心です。

安斎　空っぽねぇ……。

有馬　お茶が茶碗になみなみ入っていると、それ以上は注げません。しかしそれをいったん空っぽにすれば、なんぼでも注げます。つまり、空っぽだとそこにあらゆるものが入れられますから、本当は豊かなんですね。

安斎 この前、日本高齢者大会という集会に講演で呼ばれたときに、最初に、「高齢者」というのはいかがなものかと言ったんです。「前期高齢者」とか「後期高齢者」とか言うのはやめてほしいと。それを過ぎると、「終期高齢者」とか「晩期高齢者」、しまいには「末期高齢者」とか言われることになりかねませんからね。それにしましても、私も世にいう高齢者の仲間入りをして、少しは心が空っぽに近づいてきたかなと感ずる今日この頃です。

有馬 そうそうそう、空っぽがいいですね。「何にも考えない、どうぞどこからでも」となると、ほんとに気が楽ですよ。もう金もいらん、地位もいらない。そんなことと違う、自然にそうなるんやと。そこが一番の問題ですな。

齢を重ねれば重ねるなりに、それだけで値打ちがあるんですから。「余生」という言葉もありますが、それもおかしいですね。私自身は、この齢になっても、「余りの生」を生きてるなどと思ったことはありません。だいたい、余生などとは、いただいた命に対して失礼なことです。生きている限り、生涯現役なんです。人間が生きていく知恵ですね、これが。

安斎　まあ、人間が地位もお金もなくていいんだと達観するようになるためにはそれなりに時間がかかるのかもしれませんが、私も、心して生きたいと思います。

有馬　若い人だろうが、年輩の人だろうが、いずれ死ぬ運命にあることには変わりありません。年をとって死ぬのが怖くなるのは、それまで手に入れてきたものにこだわり、それを死によって失うことがイヤだからでしょう。しかしそんなものは幻です。それを永遠にあるものだと思うところから執着心が生まれるんです。そんな妄想を捨てて、一日一日を丁寧に生きることが大事ですな。

〈煩悩から解き放たれるということ〉

安斎　齢を重ねてくると、肉体的な能力はいやおうなく衰えてきますから、若いころには何の苦もなくできた身のこなしもそう簡単にはできなくなってきました。しかし、齢をとった結果として、いいなと思うこともあります。社会的な「大学教授」とかいった肩書も取れました。「名誉教授」というのはありますが、それは単なるレッテルにすぎませんから。そういう枠をはめられたり、こうしなければいけないという制約から解放されますから、七〇過ぎてからのほうが自由に自分らしく生きられるなと思っています。有馬さんは、もともと、そういう枠や制約をあまり感じることなく生きてこられたんでしょうか。

有馬 そうなんですよ。臨済宗の開祖である臨済禅師も言うてるように、もともと人間は自由なんです。禅では、物事にとらわれ、それに執着してしまうことを何より嫌います。なぜ自由になれないかというと、仕事やお金に束縛され、さまざまな執着心が生まれるからです。それが煩悩《ぼんのう》というものです。仏教は、その煩悩を消しましょうということに終始しております。私たち人間は、何歳になろうと、この執着や煩悩から完全に解き放たれるということはありませんが、そうしたものにとらわれないような生き方に心がけることです。そうすると、「なるほどなあ、煩悩を消したらこんなに明るい世界になるんやな」ということになります。臨済禅師は、「人間は本来、自由でなくちゃいけない。自分を解き放て。自由になれ」と繰り返し言っています。

安斎　私も、人生で追い求めるべき価値としては、自由とか平等とか正義などいろいろあるなかで、一番重要なのは「自由」だと思っています。だから、その自由が束縛されるような社会現象にたいしては、かなり敏感に反応してきました。東京大学の教官をやっていた時代にも、自分の認識に基づいて、この国の原子力・原発政策が間違っていると主張してきました。それに対して、国立大学の教官が国策に異を唱えるなどとんでもないことだと政府関係筋や原子力産業界から批判され、それでがんじがらめにされたんですね。ですから、臨済禅でいう自由とは意味合いが違うかもしれませんが、生きていくうえで一番重要なのは自由だと思っているんです。

有馬　束縛からくる不自由さですね、それが煩悩なんです。仏教では、その煩悩を消しなさいと言います。それが「空っぽになる」ということです。しかし、消しなさい言うても簡単にはいかないですよね。人生、煩悩ばっかりですから。

性の欲求というのもありますね。瀬戸内寂聴さんはおもしろい人ですね。たくさん本も読みましたし、何回もお会いしましたが、「有馬さん、あなたセックスをどないして処理してますか」って何遍も聞くんですよ。「いらんこと言うな、ほっといてくれ。わしの問題や。大きなお世話だ」と言うたんですがね。でも、人間確かに性の欲求というのは消し難くありますから、煩悩を消しなさいと言っても、そう簡単ではありませんね。

安斎 そうなんですね。いま、有馬さんは、食生活を含めて、日常生活でどのようなことに心がけているんでしょうか？

有馬 肉を必ず食べるんです。サイコロくらいの肉を三つほど必ず晩御飯に食べています。おかげさまで、この齢になってもピンピンしています。ただね、食べることには限度があるんです。食べていて「もういいなあ」というときがあるんですが、そうしたらピタッとやめます。寺の評議員会なんかでも、会議が済んだら、みなさん二次会、三次会に行きます。だけど私は、絶対に二次会には行かないです。会議には弁当が出るんです、あんまり美味しい弁当じゃないんですけどね、それで終わり。みんなはぞろぞろ行きよるが、もう絶対ついて行きません。事務局長が私の真似をして二次会に行かなくなった。そしたら「元気になりました」なんて言ってるんですね。

安斎　私も、大学の先生稼業をしているころは、ゼミの学生や大学院生とよく飲みに行きました。学生が何を考え、どんな悩みを抱えているか知っておきたいですから。そんなときは、飲みすぎたりする傾向がありましたが、七〇過ぎてそうしたことから解放されると、食生活も自由になって、抑制的になってきました。

和尚さんは、先ほどのお話では、大腸がんなどいろいろな病気もされたようですけど、八六歳になられてもお達者ですね。

有馬　大病もしとるんですが、いつの間にかよみがえってくるんです。それはやはり、日常生活を淡々とこなしていることもあるでしょうが、精神の束縛から解放されているからでしょうね。

第三章

福島原発事故をめぐって

——命を大切にする「不殺生戒」

対談風景

有馬頼底臨済宗相国寺派管長と安斎育郎立命館大学国際平和ミュージアム名誉館長の対談は、2019 年 11 月に、承天閣美術館において 2 回にわたって行われた。二人の間に置かれているのは、安斎氏が原発事故後に福島の被災地で継続的に計測しているガイガーカウンター（放射線線量測定器）である。

〈原発事故の現場を歩いて〉

安斎 先ほど、自分の生い立ちに少し触れましたが、私は、一応科学者ということになっております。東京大学の工学部原子力工学科という物騒な学科の第一期生、最初の学生なんです。一九六二（昭和三七）年に一五人の学生の一人としてその学科に入りましたが、日本はこれから原子力発電を列島中で進めようというので、それを支える高級技術者を養成する機関として、東大に初めて原子力工学科がつくられたわけです。

ですから、本来はこの国の原発を推進するための高級技術者になるはずだったんですが、実際に入って勉強を始めてみると、ちょっとこれは危ないのではないかと思い至りました。それで、原子力が使い物になるかどうかは、放射能を人間がちゃんと管理できるかどうかにかかっているのではないかというので、「放射線防護学」といういわばマイナーな専門分野を選びました。他の学生の多くは、原子力工学とか核燃料工学といった原発をつくる技術分野に進みましたが、私は身を護る学のほうを選択したわけです。

私は戦後、大きく言うと、敗戦国として戦勝国アメリカの政策に則って社会が運営されるなかで育ちましたから、そういう政治のありようの影響を受けて育ったに相違ないわけです。しかし、原子力工学科で学ぶにつれ、この国の原発開発政策に疑問を持つようになりました。一九七〇年代に入ると、科学者の国会と言われた日本学術会議で原発政策を批判する「六項目の点検基準」を提起したり、その立場から国会に参考人として呼ばれたりしたこともありました。若造のくせにそういうことをやっていたものですから、「反国家的なイデオローグ」という烙印を押され、結果として大学では徹底的に村八分にあい、いわゆるハラスメントをいろいろ体験することになったんです。

有馬　そうですか。東日本大震災に伴ってあの福島第一原発で過酷事故が起こりましたね。

安斎　二〇一一年三月一一日でした。私はこの原発事故をもたらした原因をつくった側に身を置いたわけではありませんが、でも原発事故が起きてみると、ある意味で、科学者として忸怩《じくじ》たる思いにかられました。とてつもない人類史的な事故が起こったことについて、科学者としてその危険性を精一杯訴えてきたつもりでいたけれども、それに対する国民的な抵抗戦線を築けなかったことに非常に責任を感じたんですね。

そのときには京都におりましたが、一九七〇年代から福島で一緒に原発反対運動をしていた浄土宗の早川篤雄和尚にすぐ電話をしまして、「大丈夫ですか?」と状況をつぶさにお聞きしました。以来、今でも毎月一回、福島に二泊三日で行って、被災者たちの要請に応じて、放射線環境の見立てや、相談・学習活動などに取り組んでいます。二〇一一年につくった「安斎科学・平和事務所」のもとで「福島プロジェクト」を立ち上げ、仲間と協力してすでに六八回福島調査に行きました。有馬和尚さんよりは若いとはいえ、七九歳になっていつまでできるかわかりませんが、今後も続けようと思っているんです。

有馬　私もあの事故に衝撃を受けまして、福島にとんで行きました。

安斎　それはいつ頃ですか?

有馬　事故の直後です。いわき市に行ったんです。海岸側を歩いたんですが、ランドセルなどが流されてきて打ち上げられているんです。放射能をいやっちゅうほど浴びました。いまだにちゃんと生きているのが、不思議なくらいです。

馴染みの寺に行くと石塔がほとんどひっくり返っていて、その石垣の隙間からツユクサが一本すうっと伸びて、咲いているんです。そのツユクサが綺麗なんですよ、また。命の営みの尊さです。人間もそこに気づかなきゃあいかんと思いましたね。

いわきでは合同法要を営んだんです。そこには各寺院から住職さん五〇数名が集まりましてね。「あんたら、どない思ってるの」と聞いたら、「こんなことになるとは思っていませんでした」「こんなに危険なものだとは知りませんでした」「こういうことになると事前にわかっていたら、反対してましたよ」と、そういうことを住職連中はみんな言うてました。

それで私は、「今後のことについて、君らはもっと声を出さないといけない。ボンさんが声を出さなアカン」と言いました。なぜかというと、お釈迦さんは第一番に「不殺生戒《ふせっしょうかい》」をあげました。人の命は何より大事にせにゃならん、生きとし生けるものすべての命を奪ってはいかんと、それが「不殺生戒」なんですね。

なぜお釈迦さんがそれを言ったのか。それはお釈迦さんが、イヤというほどそういう場面に遭遇しているからです。お釈迦さんのお父さんはインドの釈迦族の王様で、彼は皇太子でした。お父さんは戦争好きで、隣国としょっちゅう戦争するんですね。それでお父さんは、皇太子時代のお釈迦さんが一七歳の頃、「お前も戦争に行きなさい」と命じました。それで「わかりました」といやいやながら行くんです。お釈迦さんは、そこで残虐な行為を目の当たりにし、「これはあかん」と、戦場を離れてバラモンの教団に入り、山に籠《こも》るんです。そこで、「人間というものはいかに愚かなものなのか」「その愚かさは何からくるのか」「それは迷いからくるんだ」「だから人間は悟りを開かなければいけない」と。そこから仏教の理念が生まれてくるんですね。そういう意味で、これが一番大事なことやなあと思いまして、それから、どこに行ってもその話をします。

安斎 僕は、事故のあとすぐにも福島にとんで行きたかったのですが、原子力の専門家ということになっていますから、夜討ち朝駆けでマスコミ攻めにあいました。それで、行けたのは三月一一日に事故が起こって約一か月後の四月一六日でした。その日は私の七一歳の誕生日で、その日だけは空けておいたんで、ようやく福島に行くことができたんです。ジャーナリストの江川紹子さんも同行しました。

とんで行ったら、まだ地割れがそのまま残っているような状態でした。宝鏡寺という楢葉町《ならはまち》にある浄土宗のお寺の第三〇代の和尚さんである早川篤雄さんの運転で、いわきから浪江までずっと太平洋岸を上がって行きました。その一週間後には立ち入り禁止になりました。放射線を測りながら歩いたんですが、事故のあった原発に近づくにつれて放射能のレベルがどんどん上がり、とんでもない状況が起こっていることがわかりました。

有馬　いまお持ちになられたのが、その計測器ですか？

安斎　今日もたまたま大学に行く途中だったものですから、この怪しげな機械を持っているんです。この空間に放射線がどのくらいあるかを測る、ガイガーカウンターという機械です。

この部屋のいまの放射線レベルは、一時間当たり〇・〇六とか〇七マイクロシーベルトと出ています。単位の説明は省きますが、わが家と同じくらいの数値です。普通、こういうところでも、宇宙線とか建物の壁に含まれている天然の放射性物質などからの放射線が飛び交っていますので、これくらいはあるのです。ところが、原発事故が起こった二〇一一年の春に、福島の保育園に呼ばれていってグランドで測ったら、放射線がこの一〇〇倍もあったんですよ。福島は普段のレベルは割りに低いところで、しかも原発事故の現場から六〇キロも離れた保育園だったんですがね。浜通りという原発のある周辺にも行ったんですが、そこはここの一〇〇〇倍ぐらいの放射線がありました。だから、ただならぬ放射線量があったわけです。

私はそれ以来、科学者として毎月、福島に通っていますが、汚染の実態がどうなっているかを、虫の目にもなって、草の根をわけてもて調べるつもりでいます。

〈汚染による心理的影響と社会的影響〉

有馬　私はいわきに行ったあと、当時の佐藤雄平福島県知事にお会いしました。そこで「知事さん、仏教会としてなんかやることありますか?」とお尋ねしたら、「風評が一番怖い。福島の野菜は食べてはいけない、海岸は汚染して魚も危ないとか言われます。それを消すために力を貸してください」とおっしゃっていました。

安斎　そうですか。福島はいまも大変な状況が続いていますが、市民が一般に生活している場で被曝する放射線の量はずうっと減ってきて、心配のないレベルまで下がってきています。われわれの測定でもそういう数値が出ています。しかし、和尚さんが言われた風評被害というのはなかなかしぶとく残っています。東京大学時代に使っていた教科書に書いてあったのは、放射線の影響には身体的影響と遺伝的影響があるということでした。しかし、実際に福島に行って見ると、それよりも心理的影響と社会的影響というものがすごく大きいことがわかりました。

「科学的には私が住んでいる京都の宇治市と福島の放射線はほとんど変わりませんよ」と言ってみても、住民の皆さんはそれだけでは安心できないんです。「原発事故による放射能でいったん汚染されると、もう生涯ダメだ」と思っている人もいて、心理的影響というのは科学や技術の力だけでは払拭できないですね。

社会的影響という点では、汚染された地域から大量の人びとが地域外に避難させられ、慣れない集団生活の中で人間関係上のストレスや衛生環境の劣化がひどく、いままでかかっていた医者にもかかれずに健康上の不安を抱え込み、それらが強烈なストレスになって命を縮めて亡くなった人が少なくありません。いわゆる「原発関連死」の問題ですが、二〇〇〇人以上いるんですね。電力会社は、そういう人は放射線で死んだわけではないと強弁していますが、それは違います。放射線の影響を語る場合、医学的な身体的影響や遺伝的影響だけでなく、極めて深刻な心理的・社会的影響が本質的につきまといます。そのことを今度の事故でいやっというほど思い知らされましたが、それへの手当てはほとんどできていないですね。

有馬 これは、怖いですよ。原子力開発政策のツケは未だにわれわれ国民にのしかかっているんですから。

安斎 さかのぼって言えば、この国に原子力開発はいいことだという路線が敷かれた背景には、国家的な価値判断を牛耳ってきた、ある大きな力が働いたに相違ないわけです。戦後、アメリカが日本を占領したときに、食料とエネルギーをおさえれば一国が支配できるということをアメリカはよく知っていたんですね。

食料はいま完全にアメリカに支配されています。長く米を食べ、魚を食べて暮らしてきたはずの日本人が、やがて麦やパンを食べ、肉を食べるようになりました。食習慣まで変えさせられてきた結果、鶏や豚や牛を飼うために、アメリカのトウモロコシなどの飼料が毎日タンカーで大量に輸入されるという形態になっています。

エネルギーの点でも、日本の電力は昔は八割方水力だったのですが、それが火力に転換させられました。その大きな理由の一つが、米軍が占領していた時分のマッカーサー政令でした。日本の電力企業はもともとは日本発送電株式会社一社しかありませんでしたから、どこかで電気が足りなければ、他の地域でつくった電気を一元的な発送電網でどこへでも送れました。それが九つの地域の電力会社に分割されました。すると、水力発電資源は中部山岳地帯に集中して立地していますから、大きな都市圏をかかえている東京電力や関西電力などは、戦後復興の過程で大量の電力が必要になると、それを管内の水力発電でまかなうことはとてもできないということで、都市に隣接して火力発電所をつくることになりました。最初のうちは日本でとれた石炭火力も使っていましたが、アメリカが主なエネルギーを石炭から石油に転換させた結果、日本の電力生産は一九六〇年代ぐらいにはアメリカ型の石油火力が主力になっていくんですね。アメリカは国際石油資本として、採掘し精製して国際市場に配るところまで牛耳っていますから、日本はその従属下におかれました。その延長線上で公害問題が深刻になり、七〇年代には石油危機も起こった。それで次に、「大気を汚染させない原子力」をという宣伝で、結局アメリカ型の原子力発電に突っ走っていったわけです。

有馬 日本の原子力政策というのは、その延長線上にあるということですね。

安斎 私は、東大にいるころから原発は危険だと訴えてきましたが、福島第二原発一号炉については、住民とともに設置許可処分取消し訴訟を起こし、福島の早川篤雄和尚を含む住民たちと一緒にたたかいました。裁判は、福島地方裁判所、仙台高等裁判所、最高裁判所まで一二年間争いましたが、原発を差し止めることはできませんでした。しかし、裁判というのはおもしろいもので、こういう資料があるはずだから出せというと向うも出さざるをえないので、いろいろなことがわかってきました。

驚いたのは一九八四年七月の第一審の判決でした。「原告ら主張のような全ECCS(緊急炉心冷却系)の不作動等を想定した事故解析をすることが不可能ではないとしても、そのような考え方を押し進めると、格納容器等の破壊、爆発等を想定した事故解析にまで進まないとも限らず、そのような想定のもとでは事実上どのような原子炉の設置でも不可能に近いものとなる」というのです。つまり、万一の場合には、原子炉の燃料を冷やしている水が途絶えて、核燃料が溶融して大変な事態になるということも考えられなくはないが、そういう想定をすると、事実上原発の運転はできなくなる（から、そういう想定はしない）というのです。こうした司法判断が、立法府・行政府に加えて司法の面でも原発推進政策を支えていくことになり、この国の政官財一体の「原子力ムラ」ができあがっていったわけです。二〇一一年の福島の事故ではまさにそのような深刻な事態が起こったのです。

ですから私は、そういう時代を行き抜いてきて、東京大学でさんざんアカデミック・ハラスメントも受け、原発政策に翻弄された人生だったと思いますが、その根底にはやはりアメリカの戦後対日支配戦略があったということは明らかです。科学者として福島に毎月通い、虫の目で放射能を測ってきたわけですが、それだけではダメで、それがどういう力によって動かされてきたのかという歴史の流れをキチンと見る「鳥の目」が不可欠だと思うんですね。

〈国策としての原子力発電政策への疑問〉

有馬　いま関西では、大飯《おおい》原発の再稼動の問題が起きていますね。関西電力の役員たちが、福井県高浜町の元助役を通じて多額の金品を受領していた問題が世間を騒がせています。福島もそうだったんでしょうが、金をばら撒いてなんとかかんとかやってるんですよ。そこにも政官財一体となった構造が見て取れますね。

なぜかと言うと、福井県の、特に農漁村部は経済的に貧乏なところで、貧しい百姓や漁師がようやく生計を立てていました。小説家の水上勉もここの出身なんですけど、菩提寺は西安寺《さいあんじ》と言って、檀家は三〇軒ほどしかありません。それでお寺だけでは食えないんです。学校の先生をするとか役場に勤めるとかしないと、なかなか生活できない。電力会社や国は、そこにつけこんで危険な原発をつくらせていくんです。そんなところへ原発がきて、お金がどんと入って、うわーっとなったんです。

福井県にはうちの末寺が三〇何軒かあるんです。お金が入った人たちはお寺に寄付する。それで本堂や書院を建て替え、全部新しくなったんです。人間の業《ごう》とでも言いましょうか、原発様さまですよ。「あんたらそんなことしてたらアカンよ」と言うと、「いや、われわれは原発賛成です」って言いよるねん。「あんたらな、ほんな浅はかなこと考えてたらダメや。本堂が新しくなったから言うて、原発賛成なんてバカなこと言うたらいかんよ」と言ったんです。その「脱原発」の理屈が、いまやっと少しずつ浸透してきましたね。

安斎　そうなんですか。水上勉は、若狭に原発が群生する現状を憂い、いつか取り返しがつかない災禍が起こることを危惧し、それを早くから小説にも書き込んできました。福島原発事故を知らぬまま、二〇〇四年に亡くなりましたが。

有馬　最初は私たちも原発側から招待されたこともありました。「原発からは放射能を含んだ温排水が出るということで、これはちょっと問題じゃないですか」と質問しますと、「いやそうと違います。これは将来の日本のために非常によろしいことです」と言うのです。ところが、いまになってこれはまずかったなあ、となってきましたよ。

安斎 そうした弊害はもう七〇年代から、この国の原発開発路線の根底にありましたね。先ほど日本学術会議が一九七二年に初めて行った原発問題についてのシンポジウムで、三二歳の若造だった私が「六項目の点検基準」を提起したと言いましたが、一つは、この国の原発開発の自主性は確保されているかどうか、という視点です。実際には、対米従属性ということで、アメリカの原子力開発戦略に従属していました。二つめは、経済開発優先か安全性優先か、という視点です。どうもこの国は金が先にあって安全性が後回しにされているのではないかと感じていました。三つ目には、原発をその地域に導入することによって、その地域の自然的、社会的条件を生かした内発的な発展計画を損なうようなことがないかどうか。四つ目には、軍事利用に歯止めがちゃんとかかっているかどうか。いまでも政権党のなかには、日本が原発を持ち続けることによっていずれ核兵器を開発する技術を蓄積しておくべきだというのは、石破茂さんを含めてずっと残っていることですね。五つ目は、地元住民と労働者の安全を担保できるような実証的な技術がちゃんと開発されているのかどうか。それから六つ目には、それを下支えする意味で、民主的な原子力行政が実態として保障されているかどうか、というものです。

その六つの点検基準に照らして、私は恩師たちも出席している日本学術会議の席で、まことに不遜にも、「日本の原発開発政策は落第」という烙印を押したのです。私はこれらの基準は、いまでも重要な点検基準だと思っているのですが……。

〈「信」を立て直すために〉

有馬　福島原発事故から八年以上経ちますが、いざ原発をなくして安全なエネルギーに転換しようと思っても、どないもならんようになっています。これは福島だけの問題ではなく、日本全体の問題です。

安斎　事故で破綻した福島原発を廃炉、補償、除染するためにいくらかかるかというと、公益社団法人・日本経済開発センターは二〇一七年に「事故処理費用は五〇兆～七〇兆円になる恐れ」と発表しましたが、まだ除染されていない大熊、双葉、浪江などの広大な地域が残っていますから、そこの将来にわたる除染などを考えると明らかに一〇〇兆円は超えると思います。それに、日本には現在五〇基以上も原発がありますから、これらを直ちに止めるにしても、廃炉にするには二～三〇〇年かかって、とてつもない経済負担を将来の子孫たちに負わせることになると思うんですね。

有馬 放射能というのは、どうしようもなく始末がわるい。子ども、孫の時代まで続くんですよね、これが。

安斎 高レベル放射性廃棄物がウラン鉱石と同じレベルまで低下するには一〇万年も先になる。つまり数百、数千世代先の子孫に至るまで、彼らにとって何の利益をももたらさないものにひたすら金と手間をかけて世話をしなければならないのです。私は、いま生まれてもいない子孫たちに負の遺産を残して死ぬようなことはしたくありません。将来生まれてくる人たちのために、主張することさえできない未来人の身代わりになって、まさに「時を超えた民主主義」の観点から主権者として行動しなければいけないと思います。

小泉純一郎という元総理大臣が、在任中は大いに原発を推進したにもかかわらず、あの福島の事故が起こるやノルウェーのオンカロという廃棄物処分場に行って、「一〇万年先が問題です」と言われて愕然としたという。それから反原発派に変わりましたが、本気度を直接伺いたい気がします。

有馬　それを声を大にして言う政治家や学者は、なかなか少ないですよねえ。

安斎　私は、先ほども触れましたが、国家公務員である人間が、国策として展開している原発政策を国会という国政の最高の場で批判したのですから、いじめられるのは当然と言えば当然のことなんですが……。研究教育から一切はずされて、研究室では安斎とは口をきいてはならない、一緒に並んで歩いてならない、一緒に飯を食べてはいけない、一緒に写真に写ってはいけないと、さんざんなハラスメントを受けました。私の隣りには東京電力のT君というのがいて、僕が昼間にどことどういう電話しているのかといったことを一部始終メモして、夕方、東京電力の本社に報告する係だったんです。まあ、スパイですけどね。地方などに講演に行けば東京電力の「安斎番」が尾行して講演を録音し、本社に届ける体制ができていました。言い出せば切りがないようなネグレクト・差別・監視・恫喝・嫌がらせ・懐柔などさまざまなハラスメントを体験しました。

有馬 なるほど、そんなこともあったんですね。

安斎 確かにこの国には放射線の専門家という人が何千人かはいるはずなんです。しかし、私たちみたいに毎月福島通いをして、被災者の目線で現場に立ってともに悩み、どうすればリスクを一番少なくすることができるかということを実践的に取り組むというような集団は、残念ながらそうたくさんはないんですよね。

和尚さんの言葉に、「右に行くか左に行くか迷ったら、とりあええ行きたいほうに行ってみなさい」というのがありますね。行ってまずいなと思ったらまた修正すればいい、というほどの教えでしょうけれども。いじめが怖いとかなんとかいう前に、安斎育郎は三二歳の若造だったせいか、鈍かったのか、とにかく突っ走ったんですね。小さい妥協はいっぱいしているんですが、自分の考え方を基本的には変えずにここまで来ることができたのは、まあ人生だいたい◯（マル）かなあと思っているところです。

有馬 安斎さん、しっかりやってください。お願いします。

安斎　今度の事故で一番大きな問題は「信」が崩れたということだと思います。信頼、信用の「信」です。安全性について、政府や電力会社に対する信頼が崩れただけではありません。専門家に対する信頼が崩れて、「専門家が安全だといったら危ないと思わなければいけない」というぐらいのレベルになってしまいました。

有馬　ほんまそうですよ。医者と一緒ですよ。医者から「この薬が効きますよ」と言われても、薬って逆に毒になることもあるでしょ。

安斎　両面がありますからね。この問題は、簡単にすべて解決できるような問題ではありませんから、この「信」を立て直すためには、現場にたって、被災者と同じ目線で悩みに向き合って、一番いい道を選んでいく努力を営々とする以外にないですね。

第四章

先の戦争と日朝外交

―話し合いにしか解決の道はない

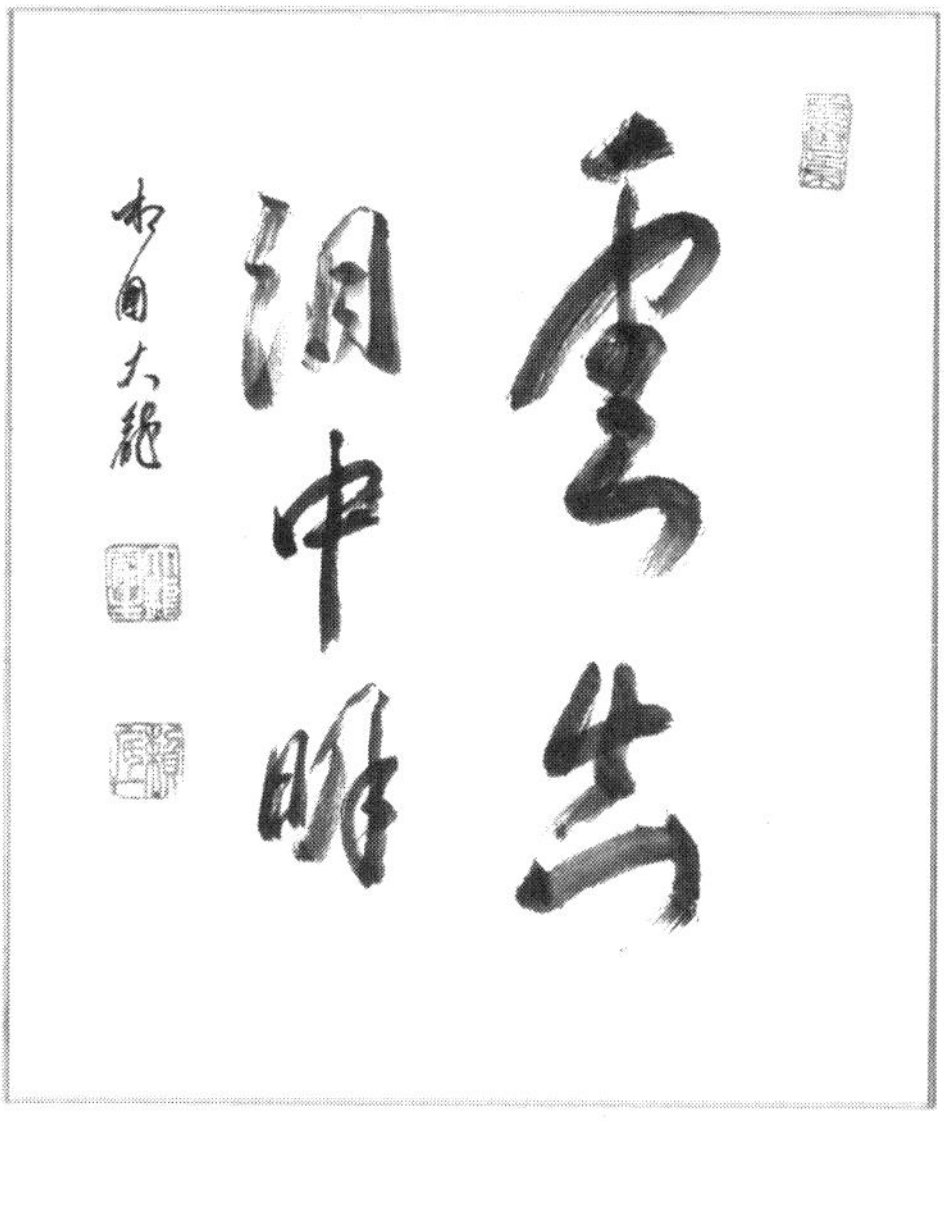

有馬頼底管長の揮毫《きごう》

雲出洞中明　くもいでてどうちゅうあきらかなり

春になったら雪が消えて山肌があらわになり、雲が消えると暗かった洞中にさっと光がさし込んで明るくなったと言うこと。雪、雲は、私たちの心の暗雲、煩悩にほかならない。それがとり払われれば、その下から本来の自己、仏性が現れるのです。(有馬頼底)

〈戦時中の朝鮮人徴用工のこと〉

安斎 最近、日韓、日朝、日中の関係が難しくなっていますね。いま話題になっている徴用工の問題では、韓国の最高裁にあたる大法院が日本企業に対し損害賠償を命じる判決を下しましたが、日本政府は日韓請求権協定で完全かつ最終的に解決したとして、「毅然と対応する」としています。しかし、戦時中には大量の韓国・朝鮮人、台湾人などが日本に動員され、一九四五（昭和二〇）年の原爆でも被害にあって何万という韓国・朝鮮人が亡くなっているんですよね。ですから、これは個別の徴用工の補償の問題を超えて、ああいう植民地政策をとって韓国・朝鮮人をさんざん辛い目にあわせたということについて、国家としてきちっとけじめをつけて謝罪をしなければならないと思うんです。それが十分できていないという問題が、根底にあるような気がしますね。

有馬 私は戦時中の人間ですから、徴用された朝鮮人が日本でいかに虐待されたか、よく現場で見てるんです。大分県の日田というところに二九六一六海軍航空隊というのがありました。そこに造兵廠が疎開してきて、穴を掘って工場をつくり、機械を持ち込んでいろいろやろうという。

穴を掘るときにダイナマイトで発破をかけるんです。だいたい五発かけるんですが、一、二、三、四発まではドォーンという爆発音が聞こえたんですが、五発目は音がしないんです。それで、朝鮮の人に見てこいと命令するんです。大将に言われたら行かざるをえんでしょう。穴の入口に着いたか着かんうちに五発目がドォーンときました。命令された朝鮮人が血だらけになって必至に這い出してきたんですが、すぐに亡くなりました。他民族に対するそういう無残な行為は、なんぼでも現場で見てますから。日本の権力や軍隊というのはいかにつまらないことをやったものだなあと、胸がつかえる思いです。

安斎　私が館長を務めていた立命館大学国際平和ミュージアムは、日本人があの戦争の期間に味わった被害の問題だけでなく、同時に加害の側面も展示しようというので、日本がアジア太平洋諸国に軍を派遣して行った加害行為についてもそれなりに展示しています。そのなかには日本軍「慰安婦」問題とか徴用工の問題も含まれていますが、そういう博物館がなかなか少ないんですね。

有馬　ないですね、ほとんど。

〈北朝鮮の仏教遺跡を復元〉

有馬　私は北朝鮮に五回行ってますから、北朝鮮人との付き合いがけっこうあります。で、北朝鮮訪問の計画が持ち上がったとき、北朝鮮を敵視する運動を取り仕切る学生が二人でやってきましてね、「猊下《げいか》は北朝鮮においでになるんですか」と聞いてきました。「行こうと思ってるよ」と答えると、「行かないでください」と言う。「行かないでというのはどうしてなの」と聞くと、「あの国は悪い国です。日本人を連れ去って拉致《らち》問題を起こしています」と。「確かにそれは許されないことです。だけど、かつて戦時中には北朝鮮の人を何千人、何万人と日本に拉致してきたじゃないですか。あれを、どう思ってるの？」って言うてやったの。そしたら何も答えられずに黙ってしまいましたが。

いま私がやってるのは、北朝鮮の遺骨返還のことです。黄虎男（ハァン・ホナム、朝鮮対外文化連絡協会〈対文協〉日本局長）という人が——彼は小泉首相が北朝鮮に行かれたときに一週間ずっとついて歩いた人物ですが――私に言ってきとるんです。北朝鮮の人たちが、戦時中に日本の炭坑などへ労働者として雇われましたが、そのうち日本で死んだ人の名簿が欲しいというのです。なぜそんなことを言うのかというと、どこの誰かわからない人の遺骨を日本のいくつかの寺院が預ってるんですが、それが誰のものなのか知りたいんです。

安斎　なるほど。国家総動員法にもとづいてたくさんの朝鮮人が徴用されましたからね。

有馬　その遺骨がなんのなにがしのものかがわからない、名簿が整理されていないんですから。韓国の人の場合はほとんどわかっているんです。日本・韓国・朝鮮をつなぐ「和」のお寺と言われる大阪の統国寺の崔（チェ）さんが、遺骨返還をされました。それで、第一回遺骨返還ということで韓国へ行かれましたが、盛り上がって大歓迎だったと伺いました。それを今度は北朝鮮に遺骨を返還しようと、もっか調べている最中です。それがわかった段階で、私はもう一回北朝鮮に行こうと思ってますけどね。

ファン・ホナムさん曰く、「日本はお隣りの国であり、私たちはそこに爆弾なんか絶対に落しません。仲良くしたいんです」と。しかし現実には、日本と北朝鮮は、一番近い隣の国なのに一番遠い国になってしまっているわけですから、当然ですよ、それは。

「仲良くせなあきませんで」言うて、私は三回目、四回目と北朝鮮に行きました。そうすると、将校さんたちが面白い帽子を被って、わぁーと駆けてきて、「またお見えになりましたねえ」と言って握手する。そういう民族なんです。だから、人間同士でお付き合いしたら、決して悪い民族なんかじゃないんですよ。

それを政府は、大陸間弾道弾を飛ばすのどうのと言って危機感を煽り、軍備を増強しようとしています。「日本には爆弾は落しません」と言うてるのに、「そんなことはないはずや」と言う。おもろしいことに、政府や自民党の議員の中にも、やはり北朝鮮との国交回復が先や、そうすれば拉致問題も解決に向かうんだと言う人がおられます。だから私は、安倍さんに進言してるんです。「国交回復が先で、拉致問題はその次だ」と。国交回復したら先方に行けるんですから、そこで話し合って解決したらいいんじゃないですか。でも、政府の人たちはなかなかそうはいかないらしいね。トランプ大統領でさえ米朝会談を進めようとしているのに、うじゃうじゃ上手いこと言いながらひき延ばす。困ったもんですね。

北朝鮮の民衆は穏やかですよ。それを、「飢えて死んでいる」などと言う。そんな西側のニュースなんて、ほとんどウソばっかりです。

安斎　プロパガンダというやり方ですね。緊張を煽って自らの政策を進めやすくしようという。

有馬　向うに行ってご覧なさい。私はちょうど農繁期に行きましたが、農家のお百姓が五、六人で農作業をしてました。そこへ軍隊がきて手伝っとるんです。「軍隊がヒマな国だから手伝ってるんですね」と聞くと、「いや、そうではありません。農業が大切だという国の政策できているんです」と言うんです。

北朝鮮は、農業が主な産業ではなく工業の国でしょ。鉄鉱石の埋蔵量はかなりなもんですし、レアメタルが出るんですわ。中国との国境近くの橋が架かっているところへ行きますと、日本製のトラックが二〇〜三〇台、鉄鋼などを積んで毎日のように中国へ行くんです。中国はどんどん金を出しているし、ロシアも出している。だから、北朝鮮はミサイルを飛ばす金を持っているんですよ。まあ、それ自体には問題がないわけではないんですが。

おもしろかったのは、妙香山普賢寺《ふげんじ》に行ったとき、裏はずっと山で、二〇〇キロくらい続いてる。そこはマツタケの産地なんです。私は住職さんに「あんたら毎晩、焼きマツタケを食べとるのですか」と聞いたんです。そうしたら、「いえいえ、われわれの口には入りません。ほとんどは日本に行くんです」と。ああそうかあ、マツタケも外貨獲得の一つになってるのかと、驚きましたね。

安斎 私たち平和博物館の筋からいうと、韓国にも平和に関する博物館がけっこうあり、対立感情もなく仲良くしています。今年五月にも、「安斎育郎先生と行く平和ツアー」という韓国ツアーがあり、北海道から沖縄までの市民三五人くらいが参加しました。

最初は、最近ソウルにできたばかりの植民地歴史博物館に行きました。これは日本人もかなり協力してつくられたんです。日本人が植民地支配時代にどういう行動をとったかということについて、詳細に展示してあるのです。それから、五・一八光州事件（一九八〇年、圧政に抗議する学生・市民に戒厳軍が暴行を加え、多数の死傷者を出した事件）

関係の博物館を訪ねました。民主化運動資料館、国立全南大学五・一八研究所付設展示室、五・一八財団展示室、パク・ジョンチョル人権記念館、イ・ハニョル記念館などで、八〇年代以降の韓国民化運動の足跡を学びました。現在、韓国では、この時期の市民運動の民主化運動としての評価が高まっています。

私はいま立命館大学国際平和ミュージアムの終身名誉館長を務めながら、国際平和博物館ネットワークの代表として世界の平和博物館の連携に努力する立場にあります。韓国でも、ともに平和をつくりあげるためにどうすればいいのかについて意見交換もできました。一九五〇年に、韓国の老斤里（ノグンリ）というところで、朝鮮戦争でアメリカ軍が韓国人数百人を機銃掃射で殺戮した事件がありましたが、その後韓国とアメリカが和解をして、平和公園など記念施設ができました。そういうところとも、隣国の平和博物館同士で手を結んでいこうと話し合えました。お互いに身構えずに、そういう意志さえあれば友好関係は築けるんですね。

有馬　やる気があるかないかですね。

北朝鮮との関係でおもしろいのは、日本仏教界の代表団が北朝鮮の開城（ケソン）にある霊通寺《れいつうじ》を訪れ、法要を行ったことです。霊通寺は、大覚国師《だいがくこくし》によって建立されました。大覚国師は、一〇世紀の高麗王《こうらいおう》の四男坊で皇太子なんですが、出家して、中国にも行ってあらゆる宗教の勉強をして朝鮮天台宗を開き、この寺を建てるんです。日本の天台宗の聖地にもなっています。

その霊通寺について、大正大学が、伝教大師《でんぎょうだいし》の一一五〇年の記念事業として発掘しようということになったんです。それで、向こうの一番偉い人が、「それは大いに結構なことだ」と。その代わり、スコップ三〇〇丁、一輪車二〇〇台、自動車三台を持ってきてほしい、などといろんなことを言うんです。それを全部、万景峰号《まんぎょんぼんごう》で向うに運んだんです。一九九七年の発掘には、たくさんの兵隊さんが手伝ってくれました。全域を発掘したら出ましたよ、寺の全容が、びっくりしましたねえ。

その落慶法要をするというので、なぜか知らんけど、私に導師をしてくれと言うてきたので、「ほんならやるわ」ということになったんです。そのとき、ファン・ホナムさんと、後に議員団の団長か何かになられた女性の方が、二人してずっと付き添ってくれました。その女性が、「日中・日韓関係もいろいろあります。北朝鮮と日本ともいろいろありま す。しかし、お互いに仲良くしたいという思いは変わりません。どうぞ隣りの国ですから、仲良くしましょう」とおっしゃった。「私もずっとそう思っています」と答えると、握手を求められましたが、やわらかい手でした。

その落慶法要のときに、霊通寺の隣りに国清寺《こくせいじ》という国立の寺院があるはずだと言われていたんですが、それまではっきりとはわからなかったんですね。それが、霊通寺の発掘に伴って、どうもこの辺だろうと発掘したら痕跡が出てきましてね、それを次に発掘しようということになったんです。それには二〇〇〇万円以上はかかるというので、金集めを頼まれました。私は「失礼ですが、それは難しいです」と言うてやりました。「私は色男です。金と力は無かりけり」なんですと。しかし、「企業の金持ちに働きかけて話をするのはなんぼでもしたります」と。いまのところ「よっしゃ、わかった」という人はいませんけれども、そのうちに出てくると思いますよ。

安斎 仏教を通じた日朝交流の歴史を継承していくことは大事なことですね。

有馬 そう、破壊された仏教遺跡を復元するためには支援を惜しみません。その大覚国師がやったのは、『一切経《いっさいきょう》』の高麗版を木版印刷で出したことです。お釈迦さまの教説と関わる経・律・論の三蔵、その他の注釈書を含む経典の一切を総集したもので、『大蔵経《だいぞうきょう》』ともよばれています。相国寺は三代将軍の足利義満により創建されたんですが、四代将軍の足利義持が高句麗にその一切経の提供を求めたんです。二一回の要請は断られましたが、三三回目にやっとオーケーが出て、四五〇〇巻全てが日本にやってきましたよ。およそ六〇〇年前のことです。今でも相国寺、東福寺、建仁寺など京都の蔵経楼に保管されています。相国寺のものは江戸時代初期にいったん流出したんですが、徳川家光の乳母である春日局《かすがのつぼね》のはからいで買い戻されました。

私が「あの節はお世話になりました」とお礼を申し上げると、妙香山普賢寺《ふげんじ》という一切経の版元に案内されたんです。まあビックリしましたね。虫も入らない、カビも生えない、そういう収蔵庫に、『一切経高麗版』四五〇〇巻の版木がビチッと入っていました。文化財を大事にするというこの国は、やっぱり東洋人のお国柄だなあと思いましたね。

朝鮮戦争当時、アメリカの空襲で国中の寺がつぶされたと言うんですね。だけど、仏教に関わることは必ず受け入れます、と言うてました。今度の国清寺の発掘調査は大きな事業ですから、始まれば大変なニュースになると思います。髪型の面白い格好をした金さん(金正恩)も、直接聞いたわけやないけど、北朝鮮の仏教遺跡を復興する事業はぜひやってほしいと言っているそうです。まあ、五、六年かかるでしょうけどねえ。そういう支援は、北朝鮮の人たちの支えになるんだと、私は思っています。

安斎　東洋の仏教的精神がまだ引き継がれているんですね。

有馬　こうした仏教遺跡の発掘とか、先ほど申し上げた北朝鮮から連れてこられて亡くなられた人たちの遺骨の返還事業は、日朝友好のためにはとても大切なことですよね。ところが、そういう地道な運動を、政府はアカンと言ってやろうともしないです。おかしいですよね。政府に言うてもダメなら、自分らでやる以外にない。そのうちに政府もほっとけないと、何とかお手伝いしようという話になってくるんじゃないかと思っています。

〈日韓・日朝関係修復は話し合いから〉

安斎　いま、アメリカのトランプ大統領と北朝鮮の金正恩（キム・ジョンウン）朝鮮労働党委員長との米朝会談の行方が注目されていますね。トランプさんにとっては、次の大統領選への思惑もあるんでしょうが。

有馬 この問題では、日本の政府は後手後手にまわっています。私は、安倍さんに会うとたき、北朝鮮には先に行かなアカンと言うたんですよ。「トランプさんが行ったさかいにワシも行こうか、それじゃアカン」と。このごろ、自分も行こうかと言い出してきていますが、本気で話し合う気はさらさらないですね。

安斎 そういう意味で、北朝鮮とは、有馬さんがなされているような、民間外交がいまのところ唯一の救いですね。

有馬 まず現地に行って、そこの人と会って話をする、そこから始まるんです。私は、カトリックの総本山であるバチカンで、フランシスコ法王と対談したことがあります。そのとき、私は、「法王さん、いま日本は北朝鮮問題でゴタゴタしてますけど、国際紛争というのはどうしたら解決できるんでしょうか」とお聞きしました。法王は、「力で平和はきません」とはっきり言いよった。「話し合いをしなさい」と、これだけです。

いま政府は、北朝鮮に対しても韓国に対しても力で抑えるという立場ですが、そりゃいけません、絶対に平和はきません。法王さんじゃないけど、やっぱり話し合いでしか解決はできません。そうしたらお互いに理解できるじゃないですか。何でも力でもって抑えようとするさかいに、うまくいかんのです。

第五章

今時の日本の社会と文化

―孤独をなくす人と人のつながりを

立命館大学国際平和ミュージアム

立命館大学の「平和と民主主義」の教学理念を具体化する教育・研究機関として、1992 年に開設された。ひろく戦争と平和に関する資料を収集し、現在収蔵資料約 4 万点。同大学衣笠キャンパス（京都市北区）にある。初代館長は、評論家で作家の加藤周一氏。 安斎育郎氏は第 2 代館長で、現在終身名誉館長を務める。

安斎 福島第一原発事故では、原子力の「平和利用」をめぐる「安全神話」が崩れ去ったことはすでにお話ししましたが、戦後の科学進歩と経済発展の陰で、日本社会にはさまざまなひずみが出てきていますね。

〈地球温暖化問題〉

有馬 地球温暖化問題もその一つですね。科学技術がどんどん進み、それが企業の利潤投機とも結びついて開発が歯止めなく進められた結果です。トランプ大統領は「気候変動は信じない、あれはでっち上げだ」と言うたり、パリ協定からの離脱を表明したりしてますが、とんでもないですね。日本では小泉さんの息子さんが環境大臣をやってるでしょ。若いのに、思い切った対策をほんとに取れるかなあと心配しています。世界はそういう深みにはまっていってます。怖いですなあ、そういう意味では。

安斎 この九月に開かれた国連の気候行動サミットで、グレタ・トゥーンベリさんというスウェーデンの一六歳の女性が、「皆さんは口先だけの発言によって私から夢と子ども時代を取り上げた」と各国首脳である大人たちを叱責しました。スペインで開催されたCOP25（国連気候変動枠組み条約第25回締結国会議）では、小泉進次郎環境相はなんら具体策を打ち出せませんでした。これに対し、脱石炭の姿勢を示さなかったとして、世界の環境団体でつくる「気候行動ネットワーク」が、日本に対して2回の「化石賞」を贈りましたね。

確かに地球環境問題、気象変動の問題というのは、さし迫った重大な問題であると同時に、論争含みの問題でもあります。人類が生産活動や市民生活を通じて放出する二酸化炭素を含むいわゆる「温室効果ガス」が温暖化に影響していることは確実ですが、同時に地球に降り注ぐ宇宙線の量の変動とか、太陽の黒点の影響とか、雲の量なども関係していると考える科学者もいます。巨大な消費経済の仕組みと関わり、それらが世界的に連動して動いていますから、動き出したらなかなか止まらないわけです。

有馬　命あるものを生かそうとするには、まず自分が生かされていることを知るべきです。そもそも「地球を大事にする」というのはまちがいで、「地球に大事にされている」

のです。そこに気づけないのは、ものが溢れすぎた社会になっているからです。

安斎 一九四七年にブロードウェイで、劇作家テネシー・ウィリアムズの『欲望という名の電車』という戯曲が演じられましたが、現在、『欲望という名の電車』のブレーキが有効に機能していません。それには、科学者はもちろんですが、「発言する禅僧」といわれる和尚さんなど、宗教家に期待するところが大です。宗教の出番だと思っています。

有馬 坊さんが、もっと声を出さんといけません。それには戦時中の影響がありましてね。軍部に抑えられて、坊さんはモノを言うたらいかん、黙っとりなさいと。あんたら雲の上におるのやから、雲の上から見とったらいいんやという、そういう教育を受けましたからね。

安斎 環境問題とも関連しますが、日本人は食べ残しの食べ物を簡単に捨てるんですね。コンビニなどでも、賞味期限を過ぎたものはまだ食べられるものも処分します。恵方巻《えほうまき》なんか、節分の日を過ぎると、残ったものは廃棄されます。

有馬　確かに、特に若い人は賞味期限が一日過ぎたらもうホカしますよね。一週間くらい過ぎたって、なんちゅうこともないものが多いのに。

安斎　日本で一年間に捨てている食料は一五〇〇万トン以上ありますが、そのうちまだ食べられるのに捨てる食品ロスが六三〇万トン以上あります。世界の食料の足りない国に対する国連世界食料計画による援助は全部で三二〇万トン程ですから、その倍くらい日本人は食べられる食品を捨てています。

有馬　私は戦中戦後の食料のない時代のことを知ってますから、食べ物は大事にします。いまの若い人は、もったいないということを知らないですね。

安斎　ケニア出身のノーベル平和賞受賞者ワンガリ・マータイさんは、日本語の「もったいない」という言葉に感激した人でしたが、当の日本でその精神が蔑《ないがし》ろにされているようです。彼女は、この日本語を、環境を守る世界共通語「MOTTAINAI」として広めることを提唱しましたね。

〈自殺、イジメ、引きこもり〉

安斎 それから、日本の自殺者は世界一三位で、アメリカなんかよりもずっと多いんです。引きこもりの人が一六〇万人くらいいると言われています。また、「国境なき記者団」が発表する「報道の自由度」は日本は世界で七二位、「世界経済フォーラム」が発表している「男女平等格差指数」は一四四か国中で一一四位以下です。イギリスの「エコノミスト」紙が発表している「世界平和度指数」は憲法九条のしばりもあるので日本は現在九位とそれなりに高いのですが、いろいろな矛盾を抱え込んだ国でもあります。それは主として私たち大人の責任ですが、若い人もそれに気づいて、主権者として将来を担っていってほしいと期待しています。

有馬 イジメや非行の問題も深刻ですね。相国寺の塔頭《たっちゅう》の一つに慈雲院という寺がありますが、そこでは「和敬学苑」という児童擁護施設を運営しています。親が亡くなったり虐待を受けたりして、親元では生活できない子どもたちが入っています。私はそこの、後援会長をさせてもろうとります。また私は、三重県津市にある「敬愛会」という社会福祉法人の理事長もさせてもらっとります。学校に行きたくない登校拒否の子どもや知的障がいのある子どもたちの援助をしてるんです。学校に全く行ったことがないという子どもも多く、孤独で一体感がないんですが、心は純粋なんです。その子自身の問題というより、社会の目が作り出してるという面が強いんです。

子どもっていうのは、あたりまえですが悪さをするんですね。あるとき、地下鉄に潜り込んで、鉄の線路の上をどんどん歩いた子がいました。それで地下鉄は全部止められて、えらいことでした。小学五、六年生ですから、どれだけ他人に迷惑をかけたのかがわからないわけです。それで父親や兄が、「なぜこんな危険なことをしたのか、ちゃんと言いなさい」と叱ったんです。地下鉄の線路に歩いて入るなんで、そんなこと誰も思ってへんでしょ。そうしたら、「ここから地下鉄を歩いていったら、誰かに会えると思って、僕は入ったんです」と言いよる。それで私は、「これからは、こんなことしちゃあかんよ」と諭しましたが、何でこんな悪さをするかということを考えさせられましたね。

安斎 相談に乗ってくれる友人もおらずに、寂しかったんでしょうね。

有馬 それで、そんな寂しさをほぐしてやらないといけんと思って、いろいろ考えて、毎年一〇月、一一月にゲストをよんでお楽しみの会をやることにしたんです。この間も施設に行って子ども相手にお話ししたんですが、最後に、桂米朝の長男の桂米團治《かつらよねだんじ》さんをよんで話してもらいました。施設の子どもは、落語を聞いて、ワアワア笑ってくれました。みんな米團治さんと握手してね、ほんとに喜んでくれました。で、毎年、女性と男性を交互によんでいるんです。

映画女優でまずきてくれたのが佐久間良子さんです。あの方は、気楽な顔をしてますけど、ずいぶんご苦労なさってるんですよ。それから、竹下景子さんもきてくれました。それと、いま「日本人の愛人ナンバーワン」と言われる橋本マナミさんもきてくれました。単なる施設へ行ったらやっぱり女性ですね。みんな子どもたちを抱きしめてくれました。単なる演技と思うでしょが、違うんです。母性本能があるんですな、だから子どもたちがほんまに可愛いんです。やっぱり、女性特有の本能はすごいですね。それでみんなで、「ああそうか、これはよかったなあ」と言い合いました。

安斎　なるほど、いいお話ですね。

有馬　綾部市の山里に「るんびに学園」という施設があり、不登校や引きこもり、発達障がいなどさまざまな困難を抱えた子どもたちが暮らしたり学んだりしています。私はそこの応援団のようなものの代表をしています。

そこでは、子どもたちに開園当初から和太鼓をたたかせています。このあいだ、学園の総会をやったときに、目の前で実際に見せてもろうたんですが、二〇人くらいの子どもたちがキチンとリズムを合わせてドンドンたたくさかい、逆にこちらが励まされました。社会的に孤立し、みんなと付き合いたくないと言っていた子どもたちが一緒になって、にっこり笑いながら一生懸命にたたいてくれるんですよ。そのことによって、孤独感が解消されるというんですね。いまの子どもたちは、みんなと一緒に何かやるという機会が段々少なくなっていますが、そういうやり方もあるのかなと、感心しました。人は仏の前ではみな平等ですから、そういう目で子どもたちを見てやってほしいですね。

安斎 そうしたところでボランティアをしている若者やお年寄りも少なくないですね。

有馬 どこかに困っている人がいたら、同じ人間として黙って見ていられない。何かお手伝いをしたいということで、ボランティアに加わるんでしょう。それによって何か見返りを求めるとしたら、それはボランティアの精神に反するでしょうけどね。

〈表現の不自由展に関連して〉

安斎 二〇一九年の八月に愛知県で開かれた「表現の不自由展 その後」が、三日後に中止に追い込まれましたね。安全面を気にしてのことでしょうが、表現の自由を脅かしているとの声が強まりました。問題の一つは、名古屋市長などが——自治体の首長といえばそれなりに権力の座にある人ですが——これはいい、これは悪いという価値判断をして、展覧会を批判したことです。文化庁や内閣官房長官も自分たちの価値の基準で、芸術家たちの表現の機会を奪ったわけです。

有馬　政府がいったん助成をつけながら、ちゃんとした理由もつけずにそれを取り消したりするのはいかんですね。

安斎　私は立命館大学の国際平和ミュージアムという平和の博物館に関わっていますので、表現の自由というのは最も基本的なことですから、こうした事態を批判する館長・名誉館長声明を出しました。自分の価値観を絶対化して、他人をその尺度で断罪するようなことはいかがなものかと、最近とくに感じます。とりわけ、政治が価値の問題について一定の基準をつくり始めたりすると、これはとても危ないことになります。自由な市民的な運動の中で、あるいは芸術や文学、宗教の分野で、価値の規範がもっと自由に論じられていいと思うんですね。

有馬　表現の自由というのは、戦時中の反省から生まれた戦後民主主義のなかでも、とくに大事なものの一つですからね。

〈日本の祭りと伝統文化〉

安斎 みんなが一緒に何かやるということでは、私は、日本のお祭の文化というのがとっても大事だと思っています。地域に住んでいる人が、立場や信条を超えて、いっとき共同のパフォーマンスをやるというのはいいですね。かつては青年団がその役割を果たしてきましたが、戦後の地域社会の動きのなかでそういう祭りの担い手が少なくなってきているのは寂しいですね。

有馬 だんだん減ってきました。祇園祭でもそんなことが見受けられるようになりました。神輿《みこし》の担ぎ手が少なくなってきて、外人が担いでるんですよ。小遣いをもらえるのが魅力なんでしょうね。

安斎 私は小中学校の頃、東京の深川で育ったので、深川富岡八幡宮——宮司殺人事件があったところなんですけど——そこの祭りで神輿をよく担いだりしていましたが、近頃その担ぎ手が減って、自衛隊に頼んだり、いろいろ苦労しているようです。

有馬　日本橋の蛎殻町《かきがらちょう》に水天宮がありますね。あれはもともとは福岡県にある久留米水天宮が総社で、有馬家のものなんです。ほいで、九代目の有馬頼徳《よりのり》という人が江戸に勧請《かんじょう》しましてね、江戸時代から安産・子授けの神「おすいてんぐうさま」として人々から厚い信仰を集めてきたんです。

いまもすごくはやってます。子どもができてお腹が大きくなったら腹帯を授けるんです。それを、戌《いぬ》の日にやるんですね。何で戌の日やいうたら、イヌは多産系やさかい、子どもが生まれやすいからだと言われています。いまのところ、その宮司は私の従兄弟がやってますけどね。蛎殻町の水天宮のおかげで、周囲の商売も繁盛してるんです。うどん屋さん、お菓子屋さん、煎餅屋さんもはやる、えらいもんですわ。人が集まるところはええですなあ。そういう意味で、祭りといった文化遺産も使って、引きこもりとか孤独死といったものを社会から一掃しなけりゃいけませんね。

安斎　昨日、地下鉄に乗ってみたら、向かい側に座っている七人が全員、スマホを出して、何かお位牌を拝むような格好で操作しているんですね。スマホ文化とでもいうのでしょうか。アメリカがこの国を占領したときの文化政策が「3S政策」というもので、セックス、スポーツ、スクリーンでした。性を自由化し、ディズニーなどのアメリカ映画で若者をアメリカ文化の素晴らしさに惹きつけ、スポーツに熱中させて、余計なことを考えさせないようにするというものです。いまは、スマホとかSNSがこれに加わっていると思うので、「4S政策」と言いたいくらいです。ああいうものに熱中して自分の世界をこじんまりつくって、そこで生きているのでしょうが、あれをなくしたら彼らはどういう人生になるのかと心配です。

有馬　ほんとに、あれにはまいりますなあ。私はいっさい触ったこともありませんが。話は変わりますが、安倍首相の奥方の昭恵夫人は、東京で精進料理屋をやっとるんです。日本橋にある有馬家ゆかりの水天宮にもよくいらっしゃる。ほんで、「猊下にもぜひ一度おいでいただきたい」とおっしゃるんですが、「精進料理なんて毎日食べとるやないか。もう食いあきとるから行かへん」と笑ったんです。それに、安倍さんの、何やら学園にからんだ疑惑問題があったでしょ？

安斎　森友学園や加計学園にからんだ「モリカケ問題」ですね。

有馬　そうそう。「あんた、なんかいらんこと言うたんとちゃうか」って。「いや、私は言ってません」って。確かに、このごろはテレビにはでませんけどね。いま、東南アジアかどこかに行ってますよ。

でも、ほんまに人のいい方ですわ。伊藤若冲《じゃくちゅう》がこよなく好きなんですよ。それで、若冲を拝見するために、相国寺の天承閣美術館に一緒についてきよるんです。「若冲を観るだけで心が落ち着きます」と。

安斎　若冲の絵画を観ていると、命を感じますね。植物を描いても動物を描いても、生きものが生き生きと描かれています。先日、京都の高島屋で開かれた伊藤若冲展を鑑賞しましたが、瞬間描写力の確かさ、空間構成の快《こころよ》さ、筆づかいのダイナミズムに心打たれました。

有馬　若い人にも、デザイン的に新しい感覚の絵だと、受けているようです。確かに、若冲は、人間も描きますが、野菜も描くし、鳥も描く。ゲジゲジ、蟻ん子、ミミズなど虫けらまで描きます。それは、そもそもは仏教絵画なんです。若冲は、ものの形ではなく、ものの本質を描いています。それはすべてが成仏の姿であり、そこにちゃんと着目しなければダメですね。「山川草木悉皆成仏《さんせんそうもくしっかいじょうぶつ》」という言葉があるでしょう。「生きとし生けるもの全てが、成仏のお姿ですよ」と昭恵夫人に言うんです。「そういうことですか」と感心して、それから若冲展をやると必ずくるんです。

禅に関係する文化としては、日本水墨画や茶の湯、能楽などもあります。それらの一部は、相国寺創建六〇〇年記念事業の一環として建設された承天閣美術館に納めてありますので、ぜひご覧ください。昔から伝わる日本のいい文化はぜひ守っていきたいものです。

第六章

科学と宗教の持分

――人の人生観と価値観をめぐって

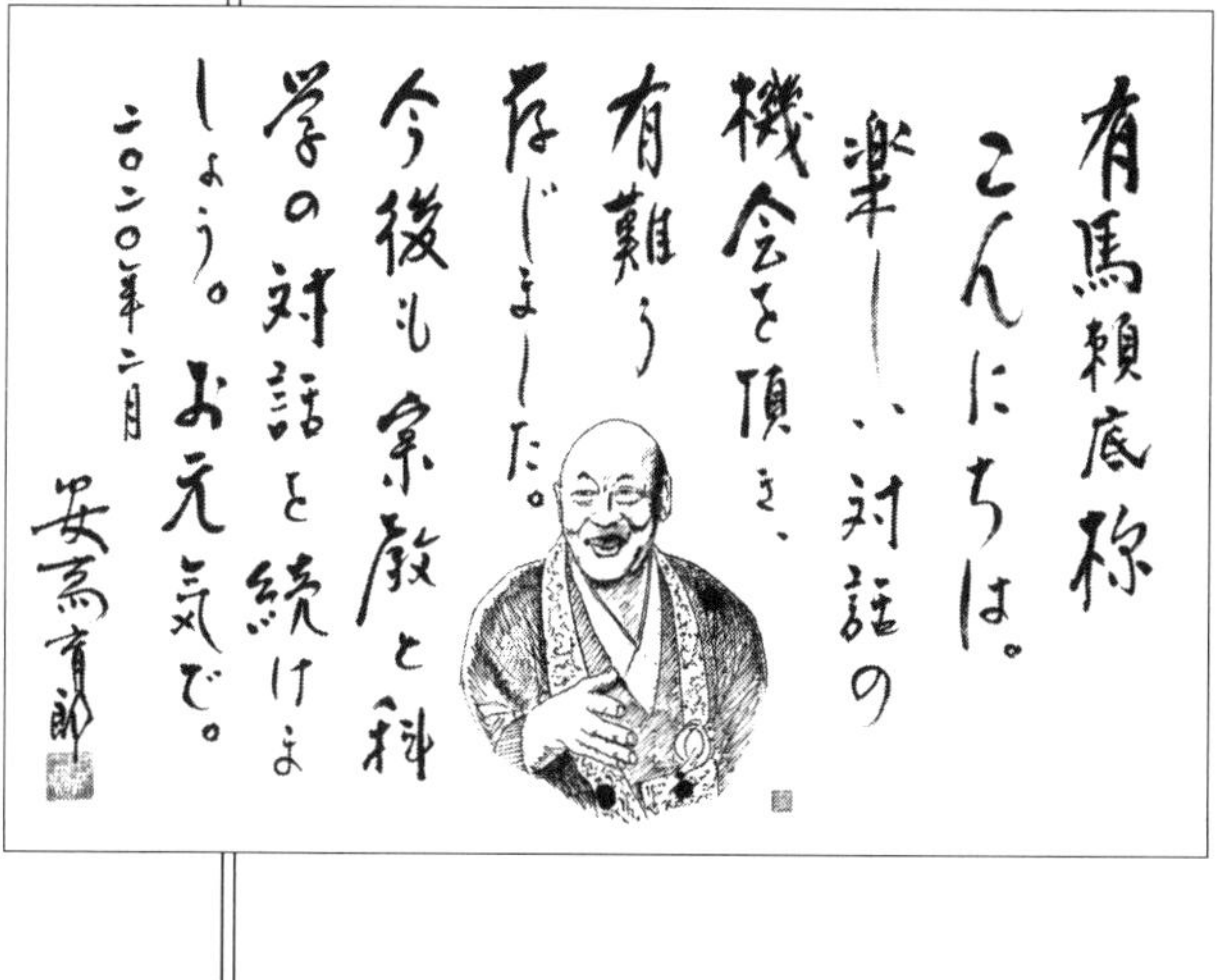
有馬頼底様
こんにちは。
楽しい、対話の
機会を頂き、
有難う
ございました。
今後も宗教と科
学の対話を続けま
しょう。お元気で。
二〇二〇年二月
安斎育郎

安斎育郎氏の絵手紙

安斎育郎氏は絵手紙をよく描かれ、絵手紙展を開催したこともある。安斎氏が代表を務める「平和のための博物館国際ネットワーク」が、2020年9月に京都·広島で開く「第10回国際平和博物館会議」にあたっても、支援を呼びかける絵手紙を各所に送られた。ここに収録したのは、有馬頼底氏との対談ののちに、感謝の気持ちを込めて描かれたものである。

〈日本の仏教〉

安斎 先ほど、和尚さんの生い立ちや布教活動についてお伺いしましたが、仏教が日本の民衆のなかに根付いているということがよくわかりました。

有馬 終戦後、日本人の中にキリスト教を広めようと、アメリカは二〇〇〇人の枢機卿《すうききょう》や牧師を送り込んできました。韓国でも同じようなことをして、韓国は人口の三割がキリスト教になり、この国最大の宗教になりました。第一、大統領がキリスト教徒ですからね。でも、日本は仏教国ですからなかなか受け入れられませんでした。

安斎 日本では長いこと、キリスト教は禁止されてきた歴史がありますから。世界のカトリック信徒は一三億人にものぼりますが、日本のキリスト教信者は約四四万人で、宗教信者全体の一%ほどだと言いますね。江戸幕府の禁教令のもとでも密かに信仰を守り続けた「隠れキリシタン」「潜伏キリシタン」と呼ばれる人々がいまもおられますが。

有馬　確かに日本でも無信心の人は増えているでしょうが、だからといって仏教がすたれたわけではありません。前にお話しした通り、北朝鮮は『高麗版一切経』をきちんと管理しています。こういう文化財を大切にする民族は、信頼しても大丈夫だと思います。

逆に、中国はおもろい国やなあと思いますね。いま、壊した寺をすぐ後に建て替えとるんですわ。長い歴史を見てもそうですね。一つの政権が滅びるとそれまでの文化や宗教は潰されて新しいものに変えられ、また政権が変わるとそれも潰されてすぐまた次のが出てくる。そういうくり返しですからね。日本の仏教はずうっと千何百年も続いていますから、その辺が違うんでしょうね。

安斎　インド、中国、朝鮮半島、東南アジアなど、仏教圏といわれる国はたくさんありますが、日本人の持っている仏教的な精神とはどんな違いがあるんでしょうか。

有馬　東南アジアなどは小乗仏教（上座部仏教とも言われる）ですが、日本の仏教は大乗仏教です。国によって習慣も違いますし、それぞれヒンズー教や儒教、イスラム教などの影響もあります。それに、ほとんど仏教が絶滅に近い状態になっている国もあります。同じ仏教ですから根本的にはあまり変わらんようだけど、やっぱり違う面があります。日本の大乗仏教は、元は大陸から入ってきましたが、長い年月をかけてここ日本で育ってきたんですから、それなりの特徴がありますね。

古代インドでは、宗教的実践として、落ち着いた姿勢で呼吸を統制して精神を統一し、高い認識を完成することを目的とする、ヨーガという方法が盛んに行われていました。これによって、精進力を高めると同時に、肉体力をも増してゆき、やがては奇蹟をも行うことが可能だと信じられているのです。

釈迦も最初は、このヨーガを習い、それを実践していたのです。しかし釈迦は、その後六年間も苦行しても、なかなか悟ることができず、ついに山に入り、悟りを得ることができたのです。この悟りが仏教の根本として世界に広がったのです。禅もこの流れをくんで、中国、朝鮮、日本へと伝わり、現在に至っているんですね。

安斎　仏教の世界にはいろいろな宗派があるわけですが、それぞれの宗派の僧侶は、自分が何宗の何派の僧侶である、といったことは気にするんでしょうか？

有馬　そうそう。私は、京都仏教会の理事長をやっとるでしょ。そこにはあらゆる宗派のお寺さんが一六〇〇寺ほど入っています。ほんで、理事を選ぶときに往生するんですわ。それぞれの宗派から理事を選ぶべきだと。例えば浄土宗、天台宗で一人ずつというしきたりになっていて、二人選んだら文句いうてくる人がいる。しかし、そういう意識がある間は、その坊さんそのものが悟ってへん、迷ってるんです。だから私は言うたんです。「坊さんちゅうもんは、悟りをひらくことが先や、なに言うてんのや」と。するとみな黙ってしまう、おもしろいですよ。

安斎　わが家は神道の家柄なんですね。安斎という名前は、いかにもそういう名前なんですけど。しかし、仏壇に手を合わせるという心も小さいときからあったように思います。いま福島の村や町に行って見ると、神棚と仏壇が仲良く並んでおいてあり、何の違和感もありません。この国には神仏習合という文化があって、昔から神さまと仏さまが折り合いをつけて共存していました。

おそらく、そういう家庭で育った子どもは、宗教教育などと銘打って説教されたわけではないけれども、折に触れて手を合わせたんでしょうね。先ほど和尚さんが「不殺生戒」について言われましたが、命の大切さについては「神様仏様」と結びつけて教えられました。ウソをつくことはいけないことだというのは「バチが当たる」という言い方もありましたね。戦後は公教育のなかで宗教とは一線を画さなければいけないということになりましたから、学校で宗教教育はもちろん受けたことはありませんが、特定の宗教を押しつけるようなことはすべきでないにしても、世界の人々がどのような宗教生活を送っているかを知ることは大切なことだと思います。私の場合は、父母が神仏に手を合わせる姿を見る中で、何が善くて何が悪いか、何が大切なのかといった価値判断を、父母の影響も受けながら知らず知らずのうちに身につけたのではないかと思います。

有馬 仏教は、長い間日本人のなかに根付いてきましたから、道徳という点でも一つの規範になってきたんでしょうね。

〈オウム真理教事件をめぐって〉

安斎　私が京都に移り住んできたのは一九八六年でした。三三年くらい前なんですが、そのあとオウム真理教事件が起こりました。教祖が宙に浮くのは解脱《げだつ》のはての超能力だといった主張をしていた集団でしたが、私はその集団に名指しで批判されました。オウム真理教が出していた『ヴァジラヤーナ・サッチャ』という雑誌の第二号で、「超能力批判の急先鋒は立命館大学の安斎育郎教授です」と書かれたんです。私は、教祖が宙に浮くなんていうのは「胡坐《あぐら》ジャンプ」であって、そんなことなら教祖よりもお笑いタレントの「江頭2：50（えがしら にじごじゅっぷん）」さんのほうがよっぽど上手いなど言っていたものですから批判されたわけです。夜中の無言電話が何か月も続いたり、家の前に差出人不明の怪しげな箱状配達物が置かれたり、いろいろありました。

そのときに興味深かったのは、京都の仏教会のいろいろな宗派に講演で呼ばれたことです。お坊さんのなかにも、もしかすると超能力がほんとうにあると思っている人がいるのかもしれないと思い、私は東京大学時代には奇術愛好会の第三代会長も務めていたマジシャンでもありますから、「スプーン曲げ」なんかを実際にやって見せたんですね。そうした講演が評判になったのかしれませんが、禅宗だけでなく、浄土宗、浄土真宗、真言宗、天台宗、黄檗《おうばく》宗、日蓮宗などいろいろな宗派から呼ばれました。お坊さんたちを前に超能力めいたマジックをやって見せて、「ほら、お坊さんだって騙されるでしょ」という話から始めたんです。

有馬 オウム真理教事件が起きたときは、私のとこへもよう言うてきました。「なんで仏教は黙ってんのや」と。

安斎 当時は、オウム真理教だけでなく、心霊現象や、スピリチュアル・カウンセリングとか、霊占いとかがはやっていました。それで、若いお坊さんたちを中心に、若者たちがなぜこんなオウム真理教みたいな怪しげなものに惹かれて行くのか、既存の伝統的な仏教に興味を持たないのか、かなり悩んでいたようです。そして、「もしかすると超能力というのがあるのかもしれない」と、うすうすそういう気持ちを抱えていた人もいたのではないかと思います。それで私に、そうしたことを科学的に解き明かしてほしいということで、お坊さんの研修会などによく呼び出されて、科学と宗教についていろいろお話ししたのです。それで私が、「超常現象」と言われているものを科学的に解明してみせると、ホッとした顔をしている人もいましたから、そういう迷いがあるのかなあと思ったりしましたけどね。

有馬　人間である以上、迷いはありますよ。そもそも、人間は生まれて、老い、そして病み死んでいく、これは避けることはできません。そこから災いが生まれ、霊にすがる人もでてきます。だから、人として生まれてきたこと自体を疑うことから説き起こさんとアカンのです。

安斎　そのうちに『霊はあるか』という本を講談社から出版することになり、私はそういう仏教界と生じたゆるやかな関係を活かして、「お宅の宗派は霊についてどのようにお考えですか？」というアンケート調査をやったんです。そしたら二六、七の寺院からそれぞれ回答があったんですが、霊についての考え方は実にテンデンバラバラで、おもしろいなと思った経験があります。

有馬 そうでしょうね。京都にもいろんな宗派がありまっしゃろ。その中の多くは、「霊」にいくんですよ。

安斎 京都市が主催していた町衆文化フェスティバルというのがあって、鴨川の河川敷にテントを張ってにわか占い師をやったことがあります。天体が地球に及ぼす効果から予言を行う「西洋占星術《せいようせんせいじゅつ》」と、陰陽五行説を元にした「四柱推命《しちゅうすいめい》」の看板を掲げて二日間やったら、二〇六人のお客さんがきました。

そのときの極意は、まず聞き役に徹するということでした。「どうしてそんなバカなことをやったんだ」などということは絶対に言わない。いまどういうことで悩みを抱えているのか、話したいだけ話してもらい、それを徹底的に聞くんですね。もちろん一五分や二〇分聞いただけで、なぜそういうことになったのかよくわからないこともありますが、とにかく聞いてわかる範囲で、「それは、あなたがそのときにこういう行動をとった結果、こういういまの不幸につながる事態が起こったのかもしれない」と話すわけです。

占いでは、よくわからないことについては、生まれたときの星まわりのせいにしたり、手相の線が曲がっているせいにしたり、名前の画数のせいにしたりと、占いの数だけ解釈の仕方があるんです。それを言ってあげたうえで、最後は背中をポンと押して、「今後こういう生き方をするといいでしょう」とちょっとヒントをさしあげる。それが、占いの極意だということが、やっているうちに段々わかってきましてね。聞くというのはとっても大事なことで、悩みをはきだして多者と共有できると、半分くらいは心が軽くなるんですね。

有馬　そういうものでしょうね。ですから、聞くことの大事さを若い坊さんにも伝えているんです。

安斎　その答えをだすのに、「星まわりがこうだからあなたの運命はこうなんだ」といった解釈をするのは、なかなか便利な方法だと思うんです。霊に関する占いが多いのも、霊というのはとても便利で、すべての不幸を引き受けてくれる「不幸引受係」みたいなものですから。「その霊を鎮めたかったらお祓《はらい》いをしなさい」とか何とか言って、もっともらしい悪霊払いの儀式を行うわけです。だからこれからも、霊占いというのは決してなくならないだろうと思いますね。

人間にとって「知る」ということは大事なことだと思います。でも、人間は知った上でなお疑問が生じ、わかりきれないと答えを求めたがりますね。答えを求めても、そう簡単に答えがでるはずがない問題もたくさんありますから。そこに占いに頼りたいという隙間が生じます。

有馬 オウム真理教事件が起きたときには、仏教その他の宗教者の多くが、これについては黙っているか、見当違いのことを言ってたんです。それで私は、「オウム真理教は本来の宗教とは違う新興宗教なんだが、今回の事件は、犯罪者の集団が起こした問題であり、刑法で裁かれるべき罰の問題や。宗教とは一切関係ないんだから、事件については宗教が口をだす問題とはちゃうんだ」と言ったんです。坊さんには社会問題に疎い人も多いからね、そういう話をすると、「ああそうですか」ということになるんです。

安斎 一九九〇年代前半の特徴でしょうけども、オウム真理教だけでなく、「法の華三法行」などの新興宗教や自己啓発セミナーにハマる人が増えました。この国の人びとが、高度成長期からバブル期を経ていざバブルがはじけると、将来どういう社会がやってくるのかについて見定めがつかなくなった。日本人はどういう価値観に依拠して、これから日本社会を組み立てていったらいいのかという展望が持てない時期がダラダラと続き、そういう不安な状況のなかであいうのがやたらにはやったんですね。

そして、その布教活動の道具として、怪しげな「超能力」を彼らはよく使ったんですよ。インチキ手品なんですが、私は中学生の頃から手品を趣味にしていましたから、手品を実際にやって見せることができたんです。

有馬　確かに、そういうもんでしょうね。超能力でも何でもない、マジックの世界だったんですね。オウム真理教もいっときははやりましたが、麻原彰晃さんが処刑されたら、すぐに消えましたね。いままたその二番煎じが出てきてやってますけど、もう全然影響力がないですなあ。

死んでもこの世に霊魂が残るとか、極楽浄土に行けるだろうかとか言われることがあります。でも、仮にそんなことがあったとしても、どうやってそれを知ることができるでしょうか。知ることができないことについて思い悩むのは、妄想以外の何物でもありません。『臨済録』を読み解けば、霊などというもんはないんだということがわかってくるんです。最後に、「そんなもんはありません」というところに落ち着かないと、おもしろくないですな。

〈ローマ教皇に学ぶ〉

安斎 加藤周一さんという評論家がおりましたでしょ、もう一〇年も前に亡くなりましたが。東大の医学部をでて、血液学の先生からはじまって、『日本文学史序説』などたくさんの本をだし、大仏次郎賞などをもらっている評論家です。だだっ広い事象を論ずる人でしたから、いろんなお話も伺いましたけども、彼が書いているものはおおむね合理主義的な考えが土台にありました。私から見ても、あるいは世間一般にも、加藤周一さんという人は合理主義者だと思われていました。その彼が、亡くなる三か月余り前に、病床で洗礼を受けてカトリック教徒になったんですよね。胃がんを患っていて、もう余命いくばくもないということを自分で悟っておられて、妹さんがカトリック教徒だったということもあったでしょうが、洗礼を受けてルカという洗礼名を得ました。
合理主義的な考えの代表格のような方が、対極にある非合理主義的だと思われているカトリック教徒としての洗礼を受けたというんで、「なぜあの加藤周一が」とびっくりした人もいるんですね。ただ私は、加藤さんがそこに何かを求めていったというのは、わかるような気がするんです。最期に心の安寧を求めるために、合理主義とか非合理主義とかいうのではなく、それらを超克して自分が信じたいものに心を預けて安らぎを追い求めたということではないかと思うからです。合理主義者であればこそ、自分の命が尽きつつあることを合理的に推論できた加藤さんが、最後に安寧を求めるものは合理とか非合理とかを超えた信仰だったのではないでしょうか。

有馬　なるほど、そうでしょうねえ。二年あまり前にカトリックの総本山であるバチカンに行ったときも、日本の女性がようけきていました。和服をお召しになりキリッと帯をしめて、ずうっと並んでいるんです。礼拝の最後に、枢機卿《すうききょう》が法王の代理で祝福の言葉を述べられます。この人らは全員がカトリックの信者かというとそうでもないと見えて、「これは洗礼を受けた人でないとあかんのですよ」と言われて引き下がっていく人もいましたね。それで、私に説法して欲しいと言われる。一分しか時間がないと言われるんで、三分いただけませんかとお願いし、サンピエトロ大聖堂で五分ほどお話ししました。普回向《ふえこう》と言うのですが、修行によって得た功徳を他の人々に普《あまね》くさし向け、仏道によって世間を導いていくんだというお唱《となえ》です。

それにしても、ローマ法王というのはすごいです、驚きましたよ。バチカンの広い広場に、各国からきているそれぞれの代表の枢機卿が、仏教でいえば須弥壇《しゅみだん》のようなところに並ぶんです。それで、司会者のような人が、どこそこの誰々ですと紹介すると、一人ずつ前にでてくる。すると、広場の一角で「うぉう」と歓声があがる。「あっ、あの国のお人やな」と思っていると、こんどはまた別の一角から歓声があがるんです。仏教にはない世界がそこにはあって、おもしろいなあと思いました。そうした枢機卿を通じて、世界中のカトリック教徒に影響力をもっているんですから、ローマ法王という人の影響はすごいですねえ。

安斎 私は、宗教についてもわりに客観的に見る癖があるのかもしれませんが、一神教と多神教という比較からすると、日本の仏教や神道は、特定の教祖を信じるか信じないかをつきつけられる宗教とは違う、ゆるやかなとてもよい宗教だと感じます。イスラム教やキリスト教などの歴史を見るにつけ、ちょっと危ういところもあるなと感じていますが、どうなんでしょうね。

有馬　東大寺別当を務めた方でイスラム教の研究者に森本公誠《こうせい》という方がおられます。長年にわたり仏教者の立場から国内外でイスラム教との交流を重ねてきたお人で、講演をお願いしたこともあります。この人は、「世間にはイスラム教は過激な宗教やと信じてる人がいますが、そのようなものとは違います。イスラム教は〝悪の枢軸〟だといったニュースを信じたらいけません」と、一生懸命おっしゃってました。確かにそうやわね。

安斎　人間というのは、そういう宗教とか、立場や肩書、社会的な地位とか所属、男か女かとかいったことを気にしますね。人間として重要な本性は、等しく同じはずなのに、立場によってそのように扱うこと自体を拒否したりします。そうした狭さが、いろんな争いが起こる根っこにあるような気がしますね。

有馬　そのことで言うと、ローマ・カトリック教会のフランシスコ法王という方は、心が広い方ですね。私も対談してもろうたことがありますが、今度日本においでになるんですわ。この一一月に。

安斎　被爆地の広島、長崎も訪問されるそうですね。教皇は、核兵器を大量殺害に用いられた破壊的な兵器だとして、核兵器の禁止を訴えておられます。地球温暖化問題でも、パリ協定の具体化を願っています。

有馬　広島と長崎へ行かはり、日本には四日か五日しかいないんですが、最終日に、東京ドームで五万人の信者を前に大集団ミサをやると言ってますね。そのときには、三年ぶりにお会いできたらと思っていたんです。そうしたら、私にきて欲しいということで、「わかりました」とお引き受けしたんです。「すべての命を守るため」というテーマで対談するんです。ローマ法王曰く、「すべての命を守るためにわれわれはいるんだ」と。それをカトリック的に言うか、仏教的に言うかという違いだけです。そういう対話になるといいなあと思っているんです。

それがね、またおかしな話がついていて、枢機卿が日本にもたくさんおるんですが、やきもちをやく。「なんで仏教者をよぶんだ。わしらがおるやないか」といういちゃもんがつくんです。

安斎　そうですか（笑い）。

有馬　ほで、「私は仏教徒であるけれども、すべての命を守るということでは、キリスト教と何も変わらへん、同じもんや」「仏教の教えも、まず不殺生戒から始まるんですよ」と言ったんです。そしたら担当者がね、「どうぞこられてやってください」とおっしゃる。どないなるかわからんけど行くだけいこか、と言うてます。しかし、法王さんというのは、おおらかですね、そういうことは一切気にしない。トップの人は、ちゃんとわかっています。

法王は私より三つ若いんですが、あの人は影響力ありますから、「すべての命を守るため」という考えを世界に呼びかけてほしいです。あの人が何か言うとみんな聞きよる。私が言うたって誰も聞きよらんけどね。

安斎　そんなことはないですよ。声を大にしておっしゃってください。

〈科学的価値観と宗教的価値観〉

安斎　前にもお話ししましたが、私は東京大学の原子力工学科にいって、国家の命を受けてこの国の原発を担う一員になるはずだったのに、いろいろ勉強しているうちにこれは危ないなと思うに至りました。主任教授の言うような道筋を歩んでいればそれなりに出世はしたかもしれないけども、やはり自分が確信を持てないものとか、ウソをつくことになりそうなものとかに、このまま歩みをすすめるのは嫌だと思ったんですね。当時は、原発建設の土地を買収するために、地権者がいない昼間に電力会社の人が訪ねていって、留守番をしているジジババに契約をさせるなど相当強引なことをやっていたんで、そういう不正が背後にあるような原子力の道に進むことはできませんでした。

それは自分なりの価値判断なのでしょうが、いま考えると、何が善いことで何が悪いことかという教育を厳密に受けたわけでもない私が、ウソをつくことに後ろめたさを感じたり、不正が行われている道を歩んでいくことは間違っていると感じたりするのは、幼い頃から自分なりの価値観が育まれていたからだと思います。その背後に、幼い頃に接していた神道とか仏教の影響もきっとあるんだと思うんですね。

有馬　よくわかります。

安斎　科学者としての私の人生は、毎日朝起きてから夜寝るまで、いろいろな判断を下しながら生きているわけです。

人間の判断は「命題」と呼ばれますが、それには科学的命題と価値的命題があるのだと思います。私が人に話をするときには、こんな例を取り上げます。「2＋3は5である」というのは、価値観によらず、客観的・科学的命題としてあるわけです。しかし、「ピカソの絵はすばらしい」といった命題は、「近代絵画方程式」を解くとピカソの絵は素晴らしいという一元的な答えがでてくるわけではありません。それはどういう絵に美的価値を見出し、どういう絵に見出さないかという、一人ひとりの価値判断によりますから、これは主観的・価値的命題といっていいと思います。科学者は確かに客観的・科学的命題を扱う名人ではありますが、価値的命題について何か結論を出す立場にはありません。価値の問題を扱うのはやはり、文学とか芸術、宗教の分野に委ねられるものなのではないかと思います。

有馬 その通りですね。

安斎 原発事故に関しても触れましたが、人間には何か知りたいという知的欲求があり、とりわけ科学者はそれが特別に強いので、科学研究はどんどん進みます。また、科学は技術を媒介にして経済と結びついていますので、そういう利潤的動機からの技術開発も進むでしょう。これからも、科学技術というのは、ほっといてもあてどなく進んでいくと思いますが、それが原発事故や核兵器の開発や無人兵器などにもつながってくるわけです。

確かに科学は、ときに時代のありようを変えるような力を持っていると思いますが、それが知的欲求や利潤的動機とびついてとんでもないものをつくりかねないという怖さも併せ持っています。それだけに、科学をきちんと管理し、制約しないと、とめどもない破壊のほうに向かいかねないわけです。こうした科学の行き過ぎた進歩にブレーキをかけるのは、科学それ自身ではなく、文学や芸術、宗教だと私は深く信じています。文学や芸術や宗教が、地球環境問題を含めて科学が明らかにする深刻な現状に対する認識を踏まえて、力強く生命愛に満ちた平和的価値を発信してもらいたいと願っています。

その意味で、科学者と宗教者というのはよく対立的にとらえられるのですが、それぞれにそれぞれの役割があると私は思っています。仏教者は「生きとし生けるものとの共生《ともいき》」といった価値観をもっており、それをアピールする大きな影響力をもっていると、ときに羨ましく思ったりしますね。先日ローマ教皇フランシスコが核兵器廃絶を訴えましたが、その内容自体は半世紀以上にわたって被爆者や平和活動家がアピールしてきたことです。しかし、同じことを言っても、一二億人とも言われる信者の精神生活に絶大なる影響力をもつローマ教皇の言葉は、重みが違いますね。

有馬　ほんまそうですよ。科学と宗教はよって立つところは違いますが、似たところもあります。科学は何事にも疑問を持ち、その解決のために一所懸命に研究しています。宗教もそうです。常識にこだわっていると、新しいものは何も生まれません。一度はそれを疑ってみたほうがよろしい。禅では、この疑うことの大切さを説いています。立場は違え、その点では同じことをしているんで、決して対立するもんではない、と。私もそういう感じですね。

安斎 科学と宗教を対立的にとらえるのは良くないと思いますね。確かに科学には客観的な命題を解決するという独自の得意技があって、それは科学者の担当分野だと思いますが、科学では価値の問題は扱えませんから、どういう価値を追い求め、どういう社会をつくっていくのかという点では、宗教者が重要な役割を果たすのではないかと期待しています。

日本にはいろいろな仏教宗派がありますが、共通する普遍的な仏教的価値観としては、「生きとし生けるものとの共生」というのは重要な価値観だと思っています。価値の選択の問題では、一人ひとり違ってかまわないわけですが、そのなかでも、人の命の大切さという仏教的価値観を、それはたぶん他の宗教でもそうだと思うんですが、もっと浸透させないとなりませんね。

科学はいくらでも人を殺す道具立てをつくることができますし、ドローン兵器をはじめもっとやっかいなものができていくと思います。それに歯止めをかけるのは、命の大切さという普遍的価値を持つ仏教の思想が大事です。それをもっと発信していただきたいという意味でも、宗教者の皆さんにもぜひがんばってもらいたいと思っています。

第七章

平和と日本国憲法について

―声を上げるべき時代になった

わだつみの像

全国の戦没学生が遺した手記を集めた『きけ わだつみのこえ』の刊行をきっかけに結成された日本戦没学生記念会（わだつみ会）が本郷新に依頼して制作された。当初、東京大学への建立を申し出たが大学当局が拒否。これを惜しんだ末川博立命館大学総長（当時）が、1953年に同大学に受け入れ、現在は国際平和ミュージアムにある。大学では、太平洋戦争の開戦日である12月8日前後に、わだつみの像の前で「不戦のつどい」を行う。

〈安保法制成立後の日本〉

安斎 安倍政権のもとで、アメリカなどが武力攻撃されて日本の存立が脅かされるような危険があると政府が判断すれば、海外で武力行使ができるようにするという安保法制が成立しました。そしていま、安倍首相は憲法に自衛隊を明記しようとしています。

有馬 自衛隊が戦争に巻き込まれる危険が強まりますよね。実は私、自衛隊員と一緒に仕事をしたことがあるんですよ、九州の災害地で。そのとき、いまの自衛隊の二〇歳代の若い隊員は体力がない人が多いなと感じました。当時私はまだ六〇歳代でしたけど、力仕事は私のほうがよくやれるぐらいでした。これでは、仮に他の国と戦争しても短期間で日本はやられるなあと思いましたよ。

安斎 日清戦争の頃にさかのぼると、森鷗外も陸軍軍医として責任の一端を担っていたんですが、脚気《かっけ》が流行して陸軍の多くの軍人が死にました。東大の医学者が、その原因は「脚気菌」であると、ありもしない菌を「発見」したりして、その原因を巡って混乱が続いたんです。一方、海軍のほうの軍医は、関西の牢屋に入っている犯罪者で脚気になる人が少ないというので調べたら、麦飯を食べているということがわかって、海軍にも麦飯を導入したら脚気が激減したんですね。森鴎外らは、ドイツ医学をベースとする陸軍とイギリス医学をベースとする海軍の対抗意識もあってそれを採用しなかったのです。それで、日清戦争では戦死者九七七人に対して脚気による死亡者は四〇六四人だったと記録されています。一〇年後の日露戦争でもまだ脚気の兵士が多く、戦病死者三万七二〇〇余人中脚気による死亡者は二万七八〇〇余人だったと言われます。ロシア人の兵隊から「日本人が野戦でヨタヨタしている」と言われる、そういうことがあったようですね。

有馬　そんなこともありましたかねえ。当時、陸軍には貧乏な百姓の次男三男の志願者が多かったんですが、彼らは滅多に拝めなかった白米をたらふく食べられるというんで、進んで志願したんでしょうかね。

安斎　私は、驚くべき妄想かもしれませんが、もしも安斎育郎が内閣総理大臣になったらこうするという一〇項目のマニフェストをもっているんです。そのうち、自衛隊についてはこうです。いまのところ、戦争で犠牲になる日本人は基本的にいないんですが、この国で大勢の犠牲者が出ているのは災害で、地震・津波・風水害・土砂崩れなどによって何万という人びとが命を落としています。だから自衛隊は「災害救助隊」に組織替えしたほうがいい。日本は海に囲まれている国ですから、海上保安隊と海上自衛隊の一部を組織替えして沿岸警備に当たる警察部隊をつくってもいいと思いますが、大半は災害救助隊にしたほうがいいと思います。

いま、自衛隊に救援を求めようとすると、自治体の長から要請しないと派遣できないんですね。でも、災害救助隊にすれば、災害救助隊がもっている総合的な情報に基づいて自発的に派遣もできるようになります。軍隊ではありませんから、いちいち国会で議論する必要もなくなります。

〈日本国憲法の精神〉

有馬　そんなときに安倍さんは、憲法を改正すると言うとるでしょ。あんな怖いことを平気で言うなんて、もってのほかですよ。安倍さんがきたときに「何を考えてるか知らんけど、あんた間違ごうてる」と言うたんです。黙って下を向いていましたが。

安斎　しかし、日本はなんだかんだ言っても、日本国憲法の精神が底流にあるものですから、そう簡単に戦争を起こせるような国ではありません。先に紹介した「世界平和度指数」という、世界の国がどれだけ平和なのかをランク付けして毎年六月に発表される数値がありますが、軍人がどれくらいおり、戦争にどのくらい派遣しているか、武器をどれくらい輸入したり輸出しているか、暴動がどれくらい起こっているか、重犯罪者がどれくらいいるかといった二四のデータで評価をし、国別にランクをつけたものです。いま、国連加盟国は一九三ありますが、その三分の二くらいの国のデータが揃っています。

改めて紹介しますと、二〇一九年の六月に発表されたデータでは、一位はアイスランド、二位はニュージーランドなど上位は常連ですが、日本は第九位なんです。七年前には三位だったんですが、現政権のもとでただいま降下中なんですが、それでも九位なんです。アメリカはというと一二八位、中国は一一〇位で、北朝鮮が一五一位で、ロシアは一五四位、一番低いのが紛争が続くアフガニスタンなんです。先日中村哲さんが銃撃された国ですね。軍事力が際立つアメリカや中国はよほど平和な国かというと、軍事力では平和はつくれるわけはないので、みんな一〇〇位以下なんですね。日本が、自衛隊という名前の近代的な軍隊をもっていながら一〇位以内に留まっているのは、やはり日本国憲法の歯止めのおかげだと思いますね。

有馬　安倍さんについて、一言付け加えておきたいことがあります。それは、蛤御門《はまぐりごもん》の変（一八六四年）にまで遡るんです。

蛤御門の変では、長州藩が薩摩・会津藩と京の都でぶつかったんですが、さんざん負けて蛤御門の周辺には死体がごろごろしていた。ところが、長州藩は死んだ藩士を引き取りにこない。なぜかというと、長州藩は百姓の次男、三男を兵隊に仕立てて連れてきているので、引き取る必要がない、ほっとけというわけです。あまりにもひどいので、相国寺は京都御所のすぐ近くですから、そのときに二四体を引き取って、お墓を建ててちゃんとお祀りしたんです。それでいまでも、長洲藩（萩藩・山口県）の人たちは毎年必ずお参りにきます。

ところが、安倍さんは長洲藩出身者の集まりの会長をやっていて、ことあるごとに自らを長州人であると強調しているんですが、一度もこないですね。それで安倍さんが寺にきたときに、「僕が会長をやってます」と言うから、「会長をしているのは結構だが、その前に、いっぺんぐらいお布施をしっかり持って墓参りしたらどうですか」と言ったんです。「あんたらはいま偉そうなことを言ってますけど、ご先祖さんがやったことはきちんと検証せなあかんとちゃいますか」と。安倍さんはキョトンとして、「いやあ、私は」どうのこうのとごちゃごちゃ言うて、お茶を飲んで帰りましたけどね。

安斎　後ろめたい気持ちがあるんでしょうかね。

有馬　命というものに対する思いに欠けているんとちゃいますか。かろうじて憲法があるさかい、まがりなりにも平和が保たれているわけなのに、それを変えようとするなど、とんでもないですよ。

安斎 核兵器廃絶も待ったなしの課題になっています。一九七〇年に核不拡散条約(NPT)がつくられました。それまで核兵器をいち早く開発していたアメリカ、いまのロシア、イギリス、フランス、中国、この五か国がこれ以上核兵器をもった国が増えると世界情勢が不安定になるというんで、自分たちの核保有国としての特権を護るために、他の国は核兵器を持ってはいけないというのがその主眼でした。

有馬 核兵器をこれ以上増やさないというのはわかりますが、自分だけ核を持っていて、他の国には持つなと言うんでは、効き目がないですね。

安斎 実際に、核不拡散条約をつくったにもかかわらず、その後、イスラエル、インド、パキスタン、北朝鮮と増えてきて、核保有国はいま九か国になっているんですね。加えて、イランの核保有問題がいま国際的な焦点の一つになっています。核兵器を持てば戦争を食い止められるとか勝てるという、核抑止力論に幻想を持っている人は、意外に多いんですね。

有馬　いまだに多いですよ。私は、インドのモディ首相と対談したことがあります。モディさんは、「インドは仏教発祥の地だから、仏教の遺跡を復興するために力を尽くそうと思っています」、そう言うんです。それで私は、「それはいいことですが、あんたの考えてることはちょっとおかしいですよ。遺跡の復興なんてほっときなさい。そんなヒマがあるやったら、ちゃんと核兵器をやめなさい」と言ったら、モディさんは不思議な顔をしとるんですよ。キョトンとして、「えぇぇ」って。核兵器をそのままにして、仏教遺跡を復興しても、仏教は人を救う道にはなりませんからね。

安斎　北朝鮮の核開発による脅しには反対しなければなりません。ただ、仮に北朝鮮が核兵器を持って日本を攻撃したとして、それで戦争に勝てるかというと、戦争というのはそんなものじゃないんです。それによってある都市や軍事施設は破壊できるかもしれませんが、一国を支配するためには、その国に大軍を派遣して、全国の秩序を保つようにコントロールしながら支配しなければいけません。仮に核兵器を一発撃つ力があったとしても、日本国民の抵抗運動もきっと起こるに相違ありませんから、日本列島全体を支配する力量など北朝鮮にあるはずはありません。その辺も冷静に見て、ひたすら緊張を煽って軍備増強に走るような日本政府のやり方にも、反対していかなければなりませんね。

〈まだある戦争体験世代の役割〉

有馬　戦時中の帝国主義や戦争の実態を知っている人間は、だんだん少なくなっていますね。多勢に無勢という感じもします。

この間ビックリしたのは、大学生と対談したとき、「戦争はいけない、ああいうバカなことは二度とするもんじゃない」とお話ししたんですね。そしたら、「質問があります。いま特攻隊の募集があったら、僕は一番先に応募します」と言うんです。さらに、核武装すべきだという若い人もだんだん増えてきたような気がします。それは困ったことだと、講演のたびに言うんです。「あなたがた若いもんは、バカな大人のいうことを聞いていたらあかん」ってね。戦争を知らない若い人たちは、戦争をカッコイイと思っとるんですよ。

それに、戦争の現場を知らない政治家も増えています。そうした人たちが、この国を戦争のできる国にしようとしているように見えて仕方ありません。恐ろしい世界になりましたねえ。

安斎　そうした若者は、戦争をゲーム感覚でとらえている面もあるのでしょう。それに、嫌韓・反中といった偏狭なナショナリズムを煽るヘイトやネトウヨの影響を受けやすいんでしょうね。

有馬　戦争体験を持った私たちが声をあげなければいけない時代になってることは確かです。一方で、戦争体験者の中には、それに反発する人もおります。私は学園の後援会で、戦争による加害行為をはっきりさせようと思って侵略はだめという座談会を計画したんです。そしたら、軍隊の生き残りの人たちが反対してきたんです。「われわれは命をかけて戦ってきたんだ」と。「それを、悪いとか、良くないというのはけしからん」と言うわけですよ。

安斎 侵略した戦地にいった男性の中からは、そういう声は必ず何人かから出ますね。

有馬 それで私は、「いや、皆さんはちょっと誤解してます。そういう意味で戦争反対を言おうとしてるんじゃありません」って言ったんです。「戦争中に、国の方針であんたらが必死でやってきたことは、それはそれで理解できる。しかし、私が反対しているのは、戦争そのものなんだ。その意味を深く考えてご覧なさい。あなた方が戦争にいって行った罪悪を考えなさい」とね。「あんたらが何人殺したか知らないけど、そういうことはもう二度と起こしてはいけないということでわれわれは戦争に反対しているので、あんたらが戦争に取られて戦ってきたということ自体を何ら批判しているんじゃないんです」と言ったんです。でも、会長さんは怒ってしもて、後援会をやめてしまいました。

安斎 戦争を知っている高齢者の役割もまだまだあるということですね。

いま私は、「平和学」というのが専門分野になっているんですが、現代の平和の定義は戦争がないということだけではダメで、暴力のない状態が平和だということになっています。平和学でいう暴力というのは、人間の能力が一〇〇%花開くのを阻んでいる社会的な原因を全て含みます。飢餓とか貧困、社会的差別とか人権抑圧、環境破壊や医療・教育・福祉の遅れなど全てが、人間能力が豊かに花開くのを阻んでおり、一種の暴力です。戦争がなければそれだけで平和だとはとらえていません。いまこうやって和尚さんと話している間にも、世界では三〜四秒に一人が飢え死にしているわけです。

有馬　そうそう、生きとし生ける者全てを大切にするという仏教の教えにも反します。私は、仏教やキリスト教の関係者が中心となって結成された「宗教者九条の和」の呼びかけ人の一人ですが、『ポケット憲法』をいつも持ち歩いていて、時間があれば読むようにしています。

憲法でいう「政教分離」は、「宗教は政治に関与してはいけない」という意味だと勘違いされている人もおります。しかしこれは逆で、「政治や国家権力は宗教に関与してはいけない」という意味です。ですから、宗教はどんどん政治に関与してもいい。宗教者があまりものを言わなくなっていますが、平和や憲法の問題でも、間違っていることは間違っていると、どんどん発言しなければいけないんです。

安斎　有馬さんは、「憲法九条京都の会」では瀬戸内寂聴さんや益川敏英さんなどと共に呼びかけ人になっておられます。私も名前を連ねさせていただいておりますので、一緒にがんばりたいと思います。

どうも、長時間、ありがとうございました。

有馬　つまらないお話ばっかりで、失礼いたしました。

対談を終えて

原子力のこわさがよくわかりました。

有馬　頼底

安斎　育郎

和尚は「心を空っぽにする」ことが大事だといいます。空っぽにすれば心に抱え込んだものがないので執着心もないでしょうし、新たにいろいろな知識や感情を注ぎ込むこともできるでしょう。確かに、そうです。

しかし一方では、生きることに汲々とせざるを得ない苦境に立たされている人や、深刻な暴力状況下に置かれている人など、「心を空っぽにする」どころではない人々もいるに違いありません。社会の構造的な暴力を克服し、人々が安んじて「心を空っぽにする」ことができるような、平和創造の努力を続けなければなるまいと心を新たにしました。

現代社会では、多くの人々が朝から晩までスマホ漬けになり、「心を空っぽにする」どころか、次から次へと雑多な情報を注入し、ゲームに興じています。「心を空っぽにする」ことはできなくても、「心に空白をつくって」世のありようや人生の過ごし方に思索を巡らし、周囲の自然や人間関係にゆったりした目を向ける余裕をもった方がいいと心から思いますが、どうでしょうか？

有馬頼底（ありま・らいてい）
1933年生まれ。臨済宗相国寺派第7代管長、金閣寺・銀閣寺住職、京都仏教会理事長、「宗教者九条の和」呼びかけ人。

安斎育郎（あんざい・いくろう）
1940年生まれ。立命館大学名誉教授、立命館大学国際平和ミュージアム終身名誉館長、工学博士、「九条科学者の会」呼びかけ人。

宗教者と科学者のとっておき対話
——人のいのちと価値観をめぐって

2020年2月20日　第1刷発行

著　者　
発行者　竹村正治
発行所　株式会社かもがわ出版
〒602-8119　京都市上京区堀川通出水西入
TEL075-432-2868　FAX075-432-2869
振替 01010-5-12436
ホームページ http://www.kamogawa.co.jp
製　作　新日本プロセス株式会社
印刷所　シナノ書籍印刷株式会社

ISBN978-4-7803-1072-6 C0095